普通高等教育艺术设计类新形态教材
肖 勇 总主编

视觉传达设计基础

FUNDAMENTALS OF VISUAL COMMUNICATION DESIGN

陈慰平 主编

中国轻工业出版社

图书在版编目（CIP）数据

视觉传达设计基础 / 陈慰平主编. -- 北京：中国轻工业出版社，2025.3. -- ISBN 978-7-5184-5414-3

I. J062

中国国家版本馆CIP数据核字第2025J0Z668号

责任编辑：李　争　　　　　责任终审：劳国强　　　　设计制作：锋尚设计
策划编辑：王　淳　李　争　责任校对：刘小透　晋　洁　责任监印：张京华

出版发行：中国轻工业出版社（北京鲁谷东街5号，邮编：100040）

印　　刷：天津裕同印刷有限公司

经　　销：各地新华书店

版　　次：2025年3月第1版第1次印刷

开　　本：870×1140　1/16　印张：8.5

字　　数：230千字

书　　号：ISBN 978-7-5184-5414-3　定价：58.00元

邮购电话：010-85119873

发行电话：010-85119832　010-85119912

网　　址：http://www.chlip.com.cn

Email：club@chlip.com.cn

版权所有　侵权必究

如发现图书残缺请与我社邮购联系调换

240432J1X101ZBW

习近平总书记在党的二十大报告中提出，全面建设社会主义现代化国家，必须坚持中国特色社会主义文化发展道路。增强文化自信，围绕举旗帜、聚民心、育新人、兴文化、展形象建设社会主义文化强国，发展面向现代化、面向世界、面向未来的，民族的科学的大众的社会主义文化，激发全民族文化创新创造活力，增强实现中华民族伟大复兴的精神力量。

视觉传达设计是中国文化自信的重要反映形式，从二十大精神与社会进步的角度来看，新时期的视觉传达设计要求讲解细致，设计元素的变形手法与细节处理要符合时代精神，将文化自信融入设计过程中，将视觉传达设计元素与细节反复推敲，让造型更具有肯定性，形成文化自信的视觉审美价值观。

随着互联网技术的广泛应用，我国视觉传达设计迎来了新的发展机遇。目前，视觉传达设计已经全面融入我们的日常生活中，这在一定程度上对我国艺术设计行业中视觉传达设计师的专业素养提出了更高的要求。作为消费大国，我国快节奏的生活方式使得消费者对各类信息的获取途径有了更高的要求。视觉传达设计在此背景下应运而生，广告、海报、包装、手机APP等视觉传达的重要载体，以其强烈的视觉冲击力赢得了消费者的青睐。视觉传达设计的应用范围不断扩大，无论是各类展览展示，还是商业、企事业单位及机构，都开始积极引入视觉传达设计，并纷纷设立设计部门。这一趋势直接推动了装饰公司、设计公司、广告公司的蓬勃发展，为视觉传达设计师提供了更为广阔的就业平台和发展空间。

视觉传达设计教学形式正在不断创新，教师在教学实践过程中需持续整合各类社会资源以巩固专业发展。教学过程中，教师力求融入真实案例，将理论知识通过实践经验与案例进行生动结合，从而增强教学体验感。本书案例经过详尽剖析，提取具有代表性的元素，明确视觉传达设计理论的基础与突破点，对设计案例进行深度分析，引导读者逐步构建个人设计理念。本书通过图解与图引文形式展示设计案例，揭示视觉传达设计作品中的创新设计细节，全面提升可读性。

本书第1章对视觉传达设计的基础知识、视觉现象、主要内容进行详细讲述，表现出视觉传达设计的广泛性；第2章、第3章讲解视觉传达设计的要素，通过字体设计与插画设计来丰富表达形式，抓住设计的核心点；第4章至第8章的主要内容为视觉传达设计的分类应用，对标志设计、版式设计、广告设计、包装设计、展示设计全面讲解，通过丰富的视觉传达设计门类来提升读者的审美认知；第9章介绍视觉识别系统设计，反映其在生活中的实际功能作用，从VI设计、视觉导向设计的角度，表明系统化设计的要求。

最初的视觉传达设计会停留在模仿阶段，设计师一旦掌握了创意模式，并深入了解客户需求，应当快速提升到独立创作阶段，形成属于设计师自己的设计理念。如今，视觉传达设计朝着可持续发展、环保等方向发展，在设计中融入人文思想，不断运用新的传播媒介来表现，不断改进，突破单一的创意形式，融入多元化设计元素，让信息传达更快、更全面。由于时间仓促，内容或有不足和疏漏，敬请广大读者及时批评指正。

编者

目录 CONTENTS

第1章 视觉传达设计概述

1.1 视觉传达设计基础……001
 1.1.1 视觉传达设计概念……001
 1.1.2 视觉传达设计发展趋势……002
1.2 视觉传达设计分类……003
 1.2.1 字体设计……003
 1.2.2 插画设计……003
 1.2.3 标志设计……004
 1.2.4 版式设计……004
 1.2.5 广告设计……004
 1.2.6 包装设计……004
 1.2.7 展示设计……005
 1.2.8 视觉识别系统设计……006
课后练习……007

第2章 字体设计

2.1 字体设计概述……008
 2.1.1 汉字的发展……008
 2.1.2 字体功能……012
2.2 字体设计原则……013
 2.2.1 一致性原则……013
 2.2.2 个性化原则……015
 2.2.3 审美性原则……015
 2.2.4 传达性原则……015
 2.2.5 可识别性原则……017
2.3 创意字体设计……018
 2.3.1 连笔法……018
 2.3.2 断笔法……018
 2.3.3 空心法……019
 2.3.4 粗细法……019
 2.3.5 尖角法……019
 2.3.6 变形法……019
 2.3.7 共用法……020
 2.3.8 装饰法……021
2.4 字体设计案例解析……022
课后练习……024

第3章 插画设计

- 3.1 插画设计概述 ········ 025
  - 3.1.1 插画设计概念 ········ 025
  - 3.1.2 插画设计类型 ········ 026
- 3.2 插画应用分类 ········ 027
  - 3.2.1 商业插画 ········ 027
  - 3.2.2 出版物插画 ········ 028
  - 3.2.3 影视插画 ········ 029
  - 3.2.4 产品包装插画 ········ 030
  - 3.2.5 网络游戏插画 ········ 031
  - 3.2.6 立体插画 ········ 031
  - 3.2.7 POP广告插画 ········ 031
  - 3.2.8 教科书插画 ········ 031
- 3.3 插画视觉元素设计 ········ 032
  - 3.3.1 视觉引导设计 ········ 032
  - 3.3.2 视线途径设计 ········ 033
  - 3.3.3 错觉设计 ········ 035
- 3.4 插画设计案例解析 ········ 036
- 课后练习 ········ 038

第4章 标志设计

- 4.1 标志设计概述 ········ 039
  - 4.1.1 标志设计概念 ········ 039
  - 4.1.2 标志特征 ········ 040
  - 4.1.3 标志功能 ········ 040
- 4.2 标志设计组成元素 ········ 042
  - 4.2.1 文字元素 ········ 042
  - 4.2.2 图形元素 ········ 043
  - 4.2.3 色彩元素 ········ 044
- 4.3 标志设计原则 ········ 046
  - 4.3.1 找准设计定位 ········ 046
  - 4.3.2 突出标志形象 ········ 047
  - 4.3.3 便于加工制作 ········ 047
  - 4.3.4 具备时代精神 ········ 048
- 4.4 标志设计案例解析 ········ 049
- 课后练习 ········ 052

第5章 版式设计

- 5.1 版式设计概述 ········ 053
  - 5.1.1 版式设计概念 ········ 053
  - 5.1.2 版式设计风格 ········ 054
- 5.2 版式设计方法 ········ 055
  - 5.2.1 文字版面 ········ 055
  - 5.2.2 插图版面 ········ 055
  - 5.2.3 单页插图版面 ········ 056
  - 5.2.4 图文混合版面 ········ 056
- 5.3 版式设计原则 ········ 057
  - 5.3.1 图文统一 ········ 057
  - 5.3.2 主次分明 ········ 057
  - 5.3.3 动静结合 ········ 057
  - 5.3.4 视线流畅 ········ 058
- 5.4 印刷与工艺 ········ 058
  - 5.4.1 印刷工艺 ········ 058
  - 5.4.2 印刷品分类 ········ 058

5.5 书籍装帧设计 ··········· 061
    5.5.1 书籍装帧设计原则 ··········· 061
    5.5.2 书籍插图 ··········· 062
    5.5.3 插图表现形式 ··········· 063
5.6 版式设计案例解析 ··········· 065
课后练习 ··········· 068

第6章 广告设计

6.1 广告设计概述 ··········· 069
    6.1.1 广告设计概念 ··········· 069
    6.1.2 广告设计形式 ··········· 070
    6.1.3 广告的功能 ··········· 071
6.2 广告设计原则 ··········· 072
    6.2.1 关联性 ··········· 072
    6.2.2 原创性 ··········· 072
    6.2.3 真实性 ··········· 073
    6.2.4 创新性 ··········· 073
6.3 广告传播媒介 ··········· 074
    6.3.1 网络广告 ··········· 074
    6.3.2 手机广告 ··········· 075
    6.3.3 电视广告 ··········· 078
6.4 广告设计案例解析 ··········· 080
课后练习 ··········· 083

第7章 包装设计

7.1 包装设计概述 ··········· 084
    7.1.1 包装设计概念 ··········· 084
    7.1.2 包装设计要素 ··········· 085
7.2 包装设计原则 ··········· 087
    7.2.1 安全 ··········· 087
    7.2.2 视觉效果 ··········· 087
    7.2.3 人性化设计 ··········· 088
    7.2.4 绿色环保 ··········· 089
    7.2.5 促进销售 ··········· 089
    7.2.6 生产加工 ··········· 090
7.3 包装设计案例解析 ··········· 090
课后练习 ··········· 093

第8章 展示设计

8.1 展示设计概述 ··········· 094
    8.1.1 展示设计概念 ··········· 094
    8.1.2 展示设计特性 ··········· 095
8.2 展示设计形式 ··········· 097
    8.2.1 版面式 ··········· 097
    8.2.2 景观式 ··········· 098
    8.2.3 橱窗式 ··········· 098
    8.2.4 摊位式 ··········· 098
    8.2.5 中心式 ··········· 098
    8.2.6 走道式 ··········· 098
    8.2.7 洽谈式 ··········· 099
    8.2.8 多层式 ··········· 099
    8.2.9 空中式 ··········· 100
    8.2.10 模拟式 ··········· 100

8.3 展示道具设计 ………………………… 101
　8.3.1 展板 …………………………… 101
　8.3.2 展台 …………………………… 101
　8.3.3 展柜 …………………………… 101
　8.3.4 展架 …………………………… 102
　8.3.5 屏风与花槽 …………………… 102
　8.3.6 护栏 …………………………… 102
　8.3.7 指示牌 ………………………… 102
　8.3.8 沙盘模型 ……………………… 103
　8.3.9 照明器具 ……………………… 104
　8.3.10 其他道具 …………………… 104
8.4 展示陈列设计 ………………………… 106
　8.4.1 中心布置法 …………………… 106
　8.4.2 散点布置法 …………………… 106
　8.4.3 特写布置法 …………………… 106
　8.4.4 网格布置法 …………………… 106
　8.4.5 线型布置法 …………………… 107
　8.4.6 配套布置法 …………………… 107
　8.4.7 开放布置法 …………………… 108
　8.4.8 混合布置法 …………………… 108
8.5 展示设计案例解析 …………………… 108
课后练习 ……………………………………… 111

第9章　视觉识别系统设计

9.1 视觉识别系统设计概述 …………… 112
　9.1.1 视觉识别系统设计概念 ……… 112
　9.1.2 设计流程 ……………………… 113
　9.1.3 设计原则 ……………………… 113
　9.1.4 吉祥物设计 …………………… 116
　9.1.5 工作服设计 …………………… 116

9.2 人机界面设计 ………………………… 117
　9.2.1 人机界面设计构成 …………… 117
　9.2.2 设计原则与流程 ……………… 118
　9.2.3 网页界面设计 ………………… 118
9.3 导视系统设计 ………………………… 120
　9.3.1 导视系统构成 ………………… 120
　9.3.2 导视系统设计流程 …………… 120
　9.3.3 商业空间导视系统设计 ……… 121
9.4 视觉识别系统设计案例解析 ……… 123
课后练习 ……………………………………… 127

参考文献 ……………………………………… 128

第1章
视觉传达设计概述

识读难度：★☆☆☆☆
重点概念：基本元素、概述、
　　　　　发展趋势、视觉心理

章节导读

现代设计领域持续扩展，视觉传达设计已深度融入数字技术、多媒体技术，二者对艺术设计产生了深远影响。作为一门新兴学科，视觉传达设计与其他学科有着紧密的联系。因此，在学习和理解视觉传达设计时，我们不能僵化、片面地看待，而应结合我国的实际情况，汲取传统文化的精华，以提升设计作品的内在价值（图1-1）。

图1-1：火烈鸟视觉图形设计，通过线条的曲折、粗细来表现火烈鸟的动态美，通过形状的简化、组合来表现火烈鸟的立体感。

图1-1　视觉图形设计

1.1　视觉传达设计基础

1.1.1　视觉传达设计概念

视觉传达设计是一种以创意思维为主导的设计形式，主要特征是通过可视化的手段将信息传达给观众，从而对观者的思想产生影响。视觉传达设计的核心功能在于以视觉元素达到告知和表达的目的。该设计理念起初广泛应用于艺术设计、广告设计以及企业形象设计等领域，也被称为平面设计或装潢设计。如今视觉传达设计涉及的领域广泛，报纸、杂志、广告、互联网以及影视片等大众媒体，都是视觉传达设计的传播媒介（图1-2、图1-3）。

视觉传达设计与常规设计概念相区别，主要特点在于其以视觉方式传达信息和意义。这种设计方式广泛应用于各类媒介，如报纸、杂志的版面图文设计，道路两侧的广告牌、灯箱招牌等。

1.1.2 视觉传达设计发展趋势

视觉传达设计的发展趋势不仅限于技术革新，还在领域扩展与社会需求方面有显著变化。随着科技进步，虚拟现实、增强现实和三维设计等新技术的应用使视觉传达更加互动和沉浸。此外，视觉传达设计不再仅服务于商业领域，它在政治、文化宣传中也扮演着重要角色。印刷设计、展示设计和公共环境设计（图1-4）等多样化的形式，拓宽了设计的应用场景。

未来，视觉传达设计的专业化和科学性将进一步加强，对人才的需求也持续上升。设计不仅要满足个性化与定制化需求，还需融入可持续设计和社会责任意识。在跨学科融合趋势下，视觉传达设计将更多地与人工智能、数据分析等技术结合，推动设计的创新与变革。

图1-2：大街上随处可见的宣传海报，设计十分精致。

图1-3：广告牌作为视觉传达的有效媒介，大街小巷中常常能看到其身影。

图1-2 宣传海报

图1-3 广告牌

图1-4（a）：视觉传达设计在各个领域中得到了发展，商品展陈设计介于环境设计、展示设计、视觉传达设计之间。

图1-4（b）：商业店面招牌设计的立体化表现是视觉传达设计的形式拓展。

（a）商品展陈设计

（b）店面招牌设计

图1-4 视觉传达设计

1.2 视觉传达设计分类

视觉传达设计主要为现代商业与文化服务，从设计角度来看，基本上可以划分为字体设计、标志设计、插画设计、包装设计、版式设计、广告设计、展示设计、系统设计等领域（图1-5）。

1.2.1 字体设计

字体设计是通过编排文字笔画的结构和形态，创造富有视觉冲击力和个性的设计形式。它不仅仅是对文字的排列，更是赋予文字以生动的视觉表现。字体设计涵盖了正文字体、书法字体和装饰艺术字体等多个类别，适用于汉字、拉丁文字（图1-6）、少数民族文字、国际通用文字及数字等。作为视觉传达设计中的重要组成部分，字体设计结合美感与功能性，不仅增强文字的可读性，还传达特定的情感和品牌个性，是设计师的核心技能之一。

1.2.2 插画设计

插画设计作为一种融合图案与绘画的综合表现形式，致力于将审美与实用相协调，以实现设计对象的清晰明快和制作过程的便捷。该设计领域主要涵盖了人物、植物、动物、风景、产品形象等类别，而表现手法则包括手绘、图形和摄影等（图1-7）。

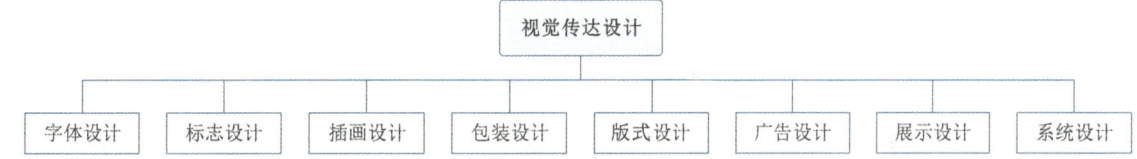

图1-5 视觉传达设计分类

图1-5：视觉传达设计的分类意义在于，它通过独特的视觉语言和设计手法，为人们提供视觉上的享受和信息传递的便利，同时也可以有效地提升品牌形象和促进产品销售。视觉传达设计不仅是设计的一个重要组成部分，也是推动设计发展的重要力量。

图1-6 字体设计

图1-7 插画设计

图1-6：字体设计作为视觉传达的手段之一，创意组合的形式让字体更具有艺术魅力与传递性。

图1-7：插画使用简洁的线条、明朗的人物形象，展现出插画技法的艺术魅力，视觉效果惊艳。

1.2.3 标志设计

标志设计在视觉传达设计中扮演着核心角色，其主要涵盖了事物特征符号与公共场所的指示性标识等符号性元素。这些符号与标识，通过精心的选择和组合，传达出特定的含义、情感或行动指令，反映出品牌的文化、价值观和理念（图1-8）。

1.2.4 版式设计

版式设计，又称为排版设计，是指在平面设计中将文字、图形、线条、色彩等元素有机地组合起来，形成美观、有吸引力的版面。版式设计不仅在印刷品、平面广告等领域中得到广泛应用，也在网页设计、海报设计等领域中发挥着非常重要的作用（图1-9）。

1.2.5 广告设计

广告设计是一种将文字、图像、色彩等元素结合在一起的创意过程，旨在有效传达信息并吸引受众注意。通过视觉和内容的协调设计，广告不仅要传递清晰的信息，还需引发情感共鸣或刺激消费行为。广告设计涵盖平面、数字和多媒体等多种形式，其核心在于提升传播效果，帮助品牌或产品在公众中建立认知，达成宣传和推广的目标（图1-10）。

1.2.6 包装设计

包装作为保护与推广产品的关键设计元素，扮演着连接产品与消费者的角色。它是实现商品价值的重要途径，在生产、流通、销售、消费全过程中发挥着至关重要的作用。包装设计的范畴主要包括产品容器、包装箱、包装纸等内容的创意设计（图1-11）。

图1-8 标志设计

图1-9 版式设计

图1-8：标志、徽标、商标是现代经济的产物，承载着企业的无形资产，是企业综合信息传递的媒介。

图1-9：版式设计将图文信息组织成一个既有丰富层次变化，又浑然一体的视觉版面整体。

图1-10 广告设计　　　　　　　　　　　图1-11 包装设计

图1-10：广告是由广告主出资，聘请设计企业策划的宣传活动，能够直观反映出商品信息。

图1-11：仿照动物储存食物的习惯，将干果包装盒设计成树干的造型，巧妙设计出不同形状的孔洞。

1.2.7　展示设计

展示设计在传达信息的同时，也需要考虑受众的接受能力和需求，因此在设计过程中需要综合考虑多个因素，如展示空间、展品特点、观众需求等，以达到最佳的展示效果。展示设计不仅仅是一种视觉艺术，更是一种功能性设计。除了展示道具和灯光的运用外，还需要考虑展示布局、色彩搭配、字体排版等因素，以营造出符合展品主题的环境氛围，增强观众的体验感和记忆度（图1-12）。

图1-12：商场橱窗中的服装展示设计，打造出小区域系列化设计，突出店面的服装风格，展现了店面与商品的风采。

图1-12　展示设计

1.2.8 视觉识别系统设计

视觉识别系统设计是指为确保一致性和高效传播而建立的整体设计框架。它通过一套规范化的视觉元素，如字体、颜色、图形、布局等，形成统一的视觉语言，适用于品牌、产品或服务的各类传播渠道。这种设计不仅强调美学统一，还关注功能性和用户体验。系统设计确保在不同媒介和平台上的视觉传达具有连贯性和辨识度，从而增强品牌形象、提升用户参与感，减少信息混乱，是企业和机构进行长期传播的关键策略之一（图1-13）。

图1-13（a）：以火焰为设计元素，采用重复手法对LOGO进行变形，选用的色彩以紫色、蓝色、红色为主，表现出火焰热力最高的含义。

图1-13（b）：LOGO与文字组合设计时要多尝试摆放位置，经过设计的文字在大多数情况下是可以独立存在的，如果要与图形进行组合，仍然应当以图形为主，采取图上文下的形式。

图1-13（c）：对图形与文字的间距设计规范，指定图形中不同体块的色彩，并对形体构造进一步论证，标识角度数据，绘制网格图来限定缩放比例。

图1-13（d）：对图形、文字的尺寸比例标准提出要求，确定X为基础单位，可以进行任意缩放。

图1-13（e）：应用系统的设计内容根据实际需要来确定，现代企业一般都会包括手机界面、办公用品、外部形象、服装等基本内容，注重真实感，应当采取图像合成的方式精心制作。

图1-13（f）：视觉图像效果的应用十分广泛，可用于各种媒介的填充、延时画面与户外广告，尽量选用各种图形图像软件中的特效滤镜来制作。

（a）LOGO设计　　　　（b）LOGO与文字组合设计

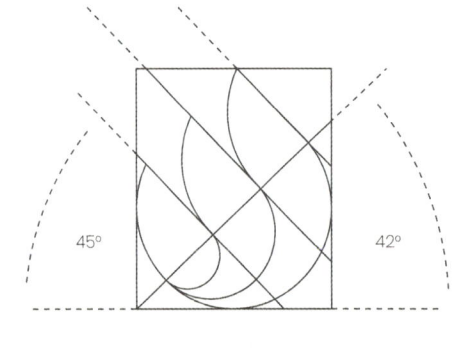 

（c）LOGO形态规范　　　（d）LOGO与文字尺寸比例标准

（e）应用系统设计　　　（f）视觉图像效果

图1-13　运动品牌系统设计

本章小结

本章旨在提升设计师的综合素质，从视觉传达设计的基础知识和设计分类入手，帮助读者建立对这一领域的初步认识，逐步形成系统化的设计思维。这不仅有助于设计师拓展创意视野，更能为未来的设计创新打下坚实基础。视觉传达设计的核心在于通过视觉效果有效传达信息，它在传统与现代的发展过程中持续创新，以适应人们对美的追求和信息传递的多样化需求，展现了其不断进化的灵活性与适用性。

课后练习

1. 视觉传达设计的要素是什么？
2. 视觉传达的发展趋势如何？
3. 常见的视觉传达类型有哪些？
4. 视觉传达的作用是什么？
5. 视觉传达设计为生活带来哪些便利性？
6. 深入分析一款商品的包装，将其产品特征与包装联系起来，并说明设计理由。
7. 上网查阅资料，学习中华人民共和国成立时国旗的诸多参选方案，指出五星红旗的视觉传达表意内涵。

第2章 字体设计

识读难度：★★☆☆☆
重点概念：字体发展、设计原则、创意、个性

> **章节导读**
>
> 字体是文字的视觉表现形式，是一种强有力的传达媒介，能够将设计理念传达给观众。在设计领域中，字体的选择和设计对于传达信息、塑造品牌形象以及提升视觉效果都具有至关重要的作用。本章通过对字体发展的历史、创意设计方法的研究和探讨，解析字体的魅力和设计价值（图2-1）。

图2-1 字体设计

图2-1：在保留传统元素的基础上，融入现代审美趣味，使字体设计更具时尚感。如运用现代设计手法，将传统龙舟、粽子等元素进行抽象化处理，形成独具特色的现代字体。这种传统与现代的交融，使端午节字体设计更具观赏性和艺术价值。

2.1 字体设计概述

2.1.1 汉字的发展

汉字的字体发展历程源远流长，展现了中华文化的深厚底蕴。从最早的甲骨文开始，汉字经过了多个重要阶段的演变与发展。历经了甲骨文、金文、篆书、隶书、楷书、草书、行书等演变（图2-2）。甲骨文简洁象形，金文圆润庄重；秦朝小篆规范统一，汉代隶书简化笔画，扁平稳重；东汉草书流畅自由；隋唐楷书成熟广泛应用，行书介于楷书和草书之间，实用性强。

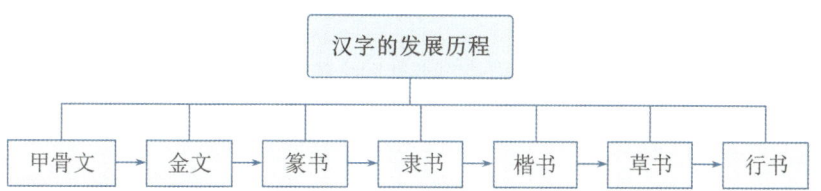

图2-2 汉字演变历程

图2-2：不同时期的文字带有时代特征，深入挖掘不同时期文字的特点，结合视觉传达设计的需求，打造出一幅幅独具特色的艺术作品。让人们在欣赏这些作品的同时，也能感受到我国文字的魅力和力量。

1. 甲骨文

甲骨文是一种独特的文字形式，因为刻写在龟甲和兽骨上而得名。它也被称为甲骨卜辞或契文，是我国现存文字中最古老的一种（图2-3）。

2. 金文

金文又被称作钟鼎文。这个名字的由来是因为这种文字通常被铸刻在青铜器上，以其庄重、古朴的形态记录着那个时代的风貌和历史。相较于甲骨文，金文的象形程度更高，它独特的书写方式使得文字的形象栩栩如生，形成了一种浑厚自然、古老而庄重的美感（图2-4）。

图2-3 殷墟甲骨文　　　　图2-4 西周金文《散氏盘》

图2-3：甲骨文是中国历史上第一种成熟的文字，出现于商朝时期，被广泛应用于官方文件、卜辞、铭文等领域。已发现的最早的甲骨文出现在中国河南省安阳市殷墟。

图2-4：《散氏盘》的魅力在于其独特的"拙"之美。它的线条呈现出斑驳陆离、浑然天成的美感，字形不再追求对称、均匀、排比的规则，而是展现出种种不规则的趣味。整篇作品变化多端，却又不显得忸怩造作，宛如珠玑罗列，锦绣横陈，在粗犷之中透露出精致，这正是《散氏盘》的艺术魅力所在。

3. 篆书

篆书是大篆与小篆的统称，二者共同构筑了一幅独特的书法画卷。大篆包含了金文、籀文以及六国文字，在外形上依然保留着古代象形文字的独特韵味。小篆亦称秦篆，源于秦国，被广泛应用于正式场合，其字体特点鲜明，均匀齐整，字形修长，上密下疏。

（1）大篆：小篆应用之前古文字的代表，形态古朴浑厚。大篆的代表作品有《石鼓文》《秦公簋》等（图2-5）。

（2）小篆：我国历史上第一次字体改革的重要成果，是在金文与石鼓文的基础上进行删繁就简，将大篆的硬笔、直角部位改为圆笔、圆角，省略了繁杂的笔画，整个字体显得圆润活泼。小篆的诞生不仅丰富了中国书法的字形，也为后来的字体演变提供了重要的参考。小篆的代表作有《峄山刻石》《琅琊刻石》等（图2-6）。

4. 隶书

隶书又称为隶字、古书，源自战国时期，于东汉时期达到艺术顶峰。它是一种由篆书演化而来的字体，以其独特的形态和美感，成为我国书法艺术中一颗璀璨的明珠。隶书的出现，与古代书写材料的变化密切相关。在战国至秦朝时期，简牍逐渐取代了青铜器成为主要的书写材料。由于木简表面较为粗糙，圆角笔画难以书写，于是书法家们便将圆笔改为方折，字形宽扁，横画长，竖画短，以适应新的书写环境，同时也形成了隶书独特的美感。隶书的代表作有《石门颂》《熹平石经残石》《礼器碑》等（图2-7）。

5. 楷书

楷书又被称为正楷、正书，是我国书法艺术中的一种楷模。它是由隶书演变而来，字形横平竖直，规矩整齐，既体现了汉字的结构美感，又彰显了书法家的个性风格。楷书的出现源于东汉时期，在唐朝时期逐渐走向成熟。

楷书继承了隶书的规矩法度，保留了隶书的端庄、稳重，同时追求字形的美感。在汉末、三国时期，汉字的书写逐渐发生了改变，字体结构上更趋严整。楷书的代表作有《颜勤礼碑》《乐毅论》《黄庭经》等（图2-8）。

6. 草书

草书起源于起草文书时的快速书写，随后逐渐演变为一种通行的书写方式，并作为一种特定的字体而存在。然而，尽管草书在书写速度和便捷性方面具有优势，但其易混淆性和歧义性限制了其作为主要字体的应用。因此草书并未取代隶书成为主要的字体。

图2-5：《秦公簋》上的文字呈现出了独特风格。这些文字厚实、有力，线条粗糙，使得文字的形态更加饱满，具有力量感。同时，字形的设计也很独特，奇特的笔画让人不由得想起了篆刻艺术中的"印象派"。

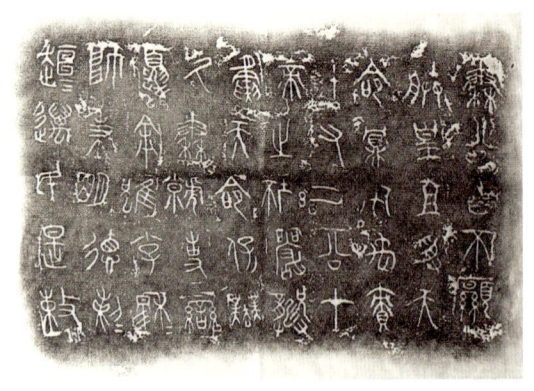

图2-5 《秦公簋》拓文

图2-6 《琅琊刻石》拓文

图2-6：《琅琊刻石》的篆体结构严谨，笔画平正，字形长方，给人稳定之感。在字形结构上，笔画简单，字体简洁、规整，便于阅读和传播。在字形的布局上，注重对称和平衡，使字体显得和谐统一。

图2-7 《石门颂》

图2-7：《石门颂》的笔画古厚含蓄，富有变化。在笔画的长短、粗细、方圆、曲直等方面，作者都进行了精心安排，使每个字都显得生动有力。

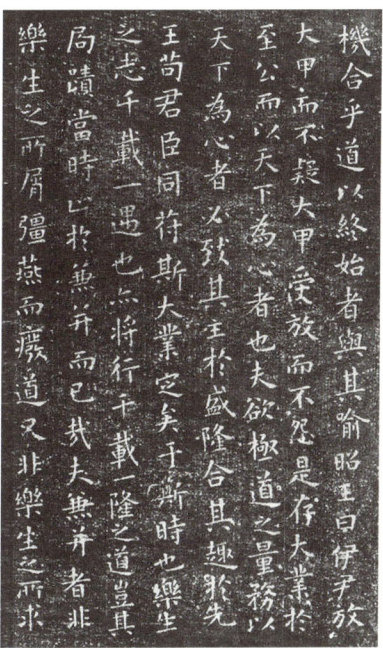

图2-8：东晋时期王羲之的小楷《乐毅论》字体形态工整，笔画整齐统一，是后世小楷范本。

图2-8 《乐毅论》

草书字体的独特性，一般难以为常人所辨识，却正是书法家们用以展现自我、传递情感的艺术媒介。如黄庭坚的《李白忆旧游诗卷》，运笔自由流畅，字体形态丰富多变（图2-9）。

7. 行书

行书源自汉代，介于楷书与草书之间，兼具规范与奔放之美。行书可分为行楷与行草两大类。行楷字体端庄典雅，书写时笔画流畅，结构清晰，与楷书颇为接近。而行草则更趋近于草书，笔画灵动，形态飘逸，书写起来犹如行云流水，颇具诗意。

行书书写过程比楷书更加简便，而且比草书更加容易识别，因此在历史上十分流行。行书经常被用于记事和书信，因为它不仅书写方便，而且外观优美。最有代表性的作品是王羲之的《兰亭序》，被誉为"天下第一行书"（图2-10）。

图2-9：黄庭坚的《李白忆旧游诗卷》在结构上具有明显的个人特色，每一个字的笔画布局都经过精心设计，结构富于变化。在字形方面，他借鉴了篆书和隶书的特点，以扁平为主，字形略显宽绰。在字形的开合上，每个字向外扩张，形成了一种独特的视觉效果。

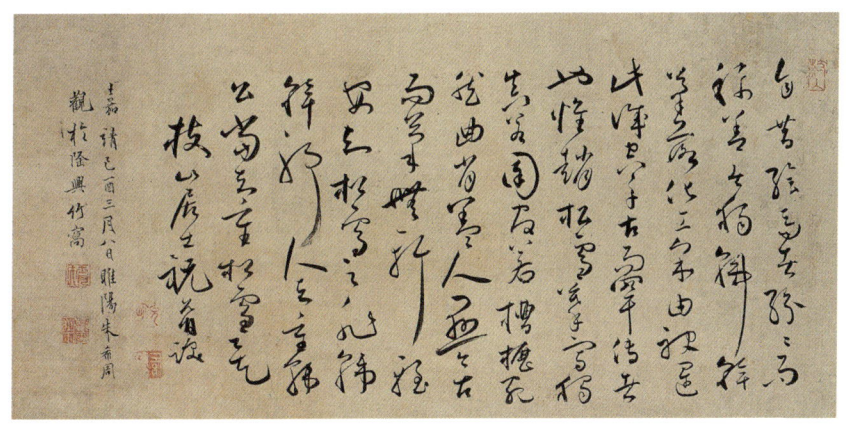

图2-9 黄庭坚《李白忆旧游诗卷》

图2-10：《兰亭序》是王羲之书法艺术的代表。采用了独特的笔法，起笔和收笔都显得非常自然流畅，毫无矫揉造作之感。在笔画的转折处，他运用了"顿笔"的技巧，使得笔画更加丰富多样。同时，他还善于利用侧锋，使笔画的粗细变化更加明显，从而形成了独特的艺术风格。

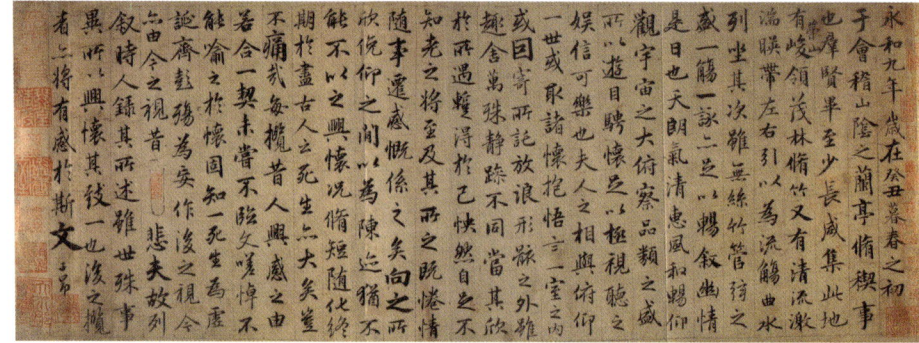

图2-10　王羲之《兰亭序》

2.1.2　字体功能

1. 文化功能

文字不仅是民族发展和衰落的见证，也是社会进步的反映。它不仅为社会提供了交流的工具，也深化了人们的思考。文字记录了民族文化中的各种信息，使得广大民众能够理解和传承这些文化，从而使人类几千年的文明得以延续和发展（图2-11、图2-12）。

2. 视觉功能

文字图形化在视觉传达设计中具有重要地位。从视觉传达设计的角度来看，文字并非单纯是文字，而是从原始图形的基础上演变而来的特殊视觉符号。这种演变使得文字本身就是一种特殊的视觉符号，可以用于创造具有个性化的艺术作品（图2-13）。

3. 社交功能

文字以其无拘无束的特性，为交流提供了广阔的空间。它超越了肢体语言的界限，打破了语言的隔阂，使得信息传递更为自由与直接。它不仅可以承载大量的信息，而且能够以精确、细致的方式表达思想与情感（图2-14）。

图2-11　张继诗石碑

图2-12　四大名著书籍

图2-11：文字的记录功能十分强大，是民族文化的桥梁。

图2-12：文字使人类文明得以延续，各个国家、民族的个性也通过文字等方式得以发扬，文字成为文化特有的象征符号。

第 2 章 字体设计

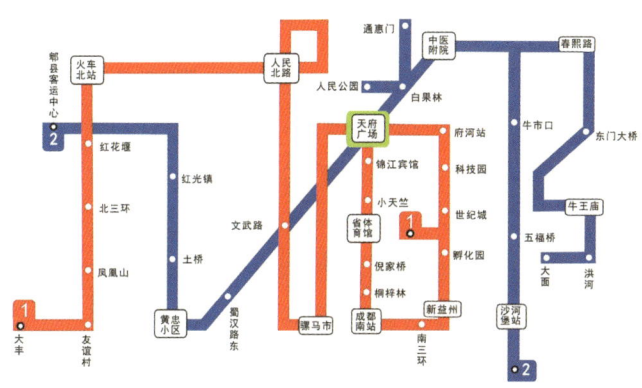

图2-13 创意文字

图2-14 书籍文字

图2-13：不同文化背景与时代，对于同一种文字图形化的形式都可能产生不同的理解。

图2-14：在图书字体设计中，通过对拉丁字母进行排列和重组，创造出复杂多变的图形。

2.2 字体设计原则

2.2.1 一致性原则

设计中的所有字体元素应保持一致，包括字形、字重、风格和间距等，以确保整体视觉效果的协调。

1. 字形一致

在设计中，字形的风格应保持统一。如果选择了一种现代无衬线字体作为主字体，其他字体也应与其风格相协调，避免使用过于古典或装饰性的字体，造成视觉上的冲突（图2-15）。

2. 字重一致

字重一致指的是字体的粗细程度一致。在设计中，使用不同的字重可以增加层次感，但过于频繁的变化会影响整体效果。因此，设计师应在一

图2-15（a）：笔画一致体现出整齐的均衡感，在视觉上形成和谐统一的秩序感，穿插运用同一角度的倾斜线条来装饰文字，让文字在视觉上具有整体一致性。

图2-15（b）：对文字进行梯形装饰，让文字字形结构具有动态效果，让普通平凡的表意变得更加生动。

（a）倾斜装饰统一

（b）梯形装饰统一

图2-15 文字笔画统一

定范围内保持字重的一致性。例如，可以在标题和正文中使用不同字体，但保持相同的字重类型（图2-16）。

3. 风格一致

风格一致指的是字体形态、轮廓和装饰特征一致。设计师需要选择具有相似风格的字体，以确保它们在视觉上的和谐。若选择了一种手写体作为标题，正文部分也可以选择另一种手写风格的字体，以保持设计的一致性。字间距和行间距的一致性设置也是字体设计中的重要部分。一致的间距可以增强可读性和视觉舒适度。如果标题、正文和其他文本的间距不一致，会使整个设计显得杂乱无章。因此，设计师需要在各个文本元素之间保持相同的间距比例（图2-17）。

（a）倾斜方向　　　　　　　　（b）字母适度交错　　　　　　　　（c）字母适度叠加

图2-16　文字方向统一

图2-16（a）：将一组字体进行统一斜置处理，使一组字中的每一个字都按同一方向倾斜，将每个字中的笔画都处理成统一的倾斜角度，做到整体方向与局部笔画的倾斜方向统一。

图2-16（b）：字母适度交错会给人带来凹凸的形体感，搭配真实的材质与一定的色彩对比，形成真实的表意效果。

图2-16（c）：字母适度叠加会让部分字母放大、前置，具有醒目感，提升文字的概括能力。

（a）居中排列　　　　　　　　（b）顶部排列　　　　　　　　（c）右侧排列

图2-17　风格统一设计

图2-17（a）：文字的位置与所衬托的食物形成严谨的视觉关系，将文字置于中央能表现出文字信息的重要性。

图2-17（b）：文字置于顶部突显食物的丰富性。

图2-17（c）：文字置于右侧表现出构图与食物的多样性。

2.2.2 个性化原则

字体设计要避免与现有字体设计作品相同或相似，不能刻意模仿或抄袭，这就需要从字体的形态特征与版面编排入手，进行深入的探索和研究。在设计特定字体时，要根据设计主题来突出文字的色彩。这就需要反复琢磨，不断修改，以创造出一种与众不同的、独具特色的字体。这种字体不仅要具有独特的外部形态，还要有独特的设计风格，能够激起人们的审美感受，给人以新颖而独特的视觉体验（图2-18）。

2.2.3 审美性原则

在视觉传达设计中，文字作为一种重要的视觉元素，不仅具有信息传递的功能，还具有美观性，能够给人带来美的感受。审美主要体现在文字的局部构架上，包括字形、结构和整体风格等方面。在文字组合的形态和结构搭配上，需要协调好笔画与笔画、字与字之间的关系，创造出富有表现力和感染力的设计作品（图2-19）。

2.2.4 传达性原则

文字设计的最基本职能，在于将信息准确地传递给广大受众。值得注意的是，不同设计风格的字体，其传递效果也会有所差异。因此，在进行字体设计时应充分考虑其传达信息的效能。

1. 端庄型

端庄型字体具有流畅的线条、高雅的格调和

（a）夸张图形表现个性

（b）情景设计表现个性

（c）凸显产品表现个性

图2-18　个性化字体设计

图2-18（a）：在设计特定标题字体时，可在字体上方主要版面区域搭配夸张的人物图形，形成造型奇妙、活泼的个性效果，给人以独特而新颖的印象。

图2-18（b）：将主体字体放置在上方主要版面区中，给主体形象注入故事情节，富有主题个性，让观众产生浓厚的剧情兴趣。

图2-18（c）：将主体段落文字倾斜排列，塑造出运动倾向，表现出饮品透人心扉的冰爽感。

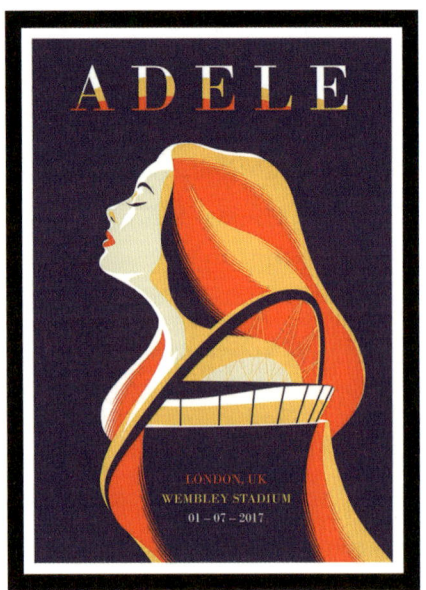

图2-19 整体美观性设计

图2-19：优秀的字体设计能让人过目不忘，搭配人物头像，积极且正面传递信息，达到视觉审美效果。字体设计下方版面搭配人物侧影与建筑图形，让两者相互叠加，丰富画面表意个性。

华丽的特征，使其在女性化妆品、饰品、日常生活用品和服务行业等主题中具有广泛的应用价值（图2-20）。

2. 活泼型

活泼型字体色彩丰富明快，具有鲜明的视觉效果，能够吸引人们的注意力，激发他们的兴趣。此外，这种字体设计还具有动态感和节奏感，能够营造出一种活泼、欢快的氛围，有助于提高产品的吸引力。适用于儿童用品、时尚产品等主题（图2-21）。

3. 挺拔型

挺拔型字体往往比较规整，展现出富有力度感的特征。简洁明快的线条使其在视觉上具有强烈的冲击力，这使其在机械、科技等主题中具有独特的适用性（图2-22）。

4. 传统型

传统型字体朴实无华，具有怀旧的风格与独特韵味，适用于传统产品、民间艺术品等主题（图2-23）。

图2-20：化妆品多为女性用品，在字体上以柔美、高端为主，容易引起女性的购买注意力。

图2-21：儿童对活泼型的字体较感兴趣，色彩鲜艳、字形活泼的字体更容易引起儿童的视觉注意力。

图2-20 女性化妆品

图2-21 儿童玩具

图2-22：坚挺稳重的字体造型能够给予消费者安心的视觉感受。

图2-23：传统艺术品具有悠久历史，随着时间的沉淀具有纪念意义，传统古朴型字体更符合其艺术理念。

图2-22 手机广告字体

图2-23 艺术品雕刻字体

2.2.5 可识别性原则

文字的可识别性是其核心功能，而字体设计的美观与可读性则是实现这一目标的关键。尽管字体设计可以在结构上做出较大调整，但必须符合人们的阅读习惯。例如，道路标识牌等应用场景，应仅使用字数较少的名词或短语（图2-24）。

图2-24（a）：文字的可识别性能有效传递信息，民族地区公路路牌采用双语表意，提升公路路牌表意功能。

图2-24（b）：简单易识别、不增减笔画，但是可以增加箭头图形，指明文字表述内容的方向性，适合旅游景区指示路牌。

（a）民族地区公路路牌　　（b）旅游景区指示路牌

图2-24　可识别性文字设计

补充要点

字体配色设计

1. 色调：暖色调是以橙色为主的色彩，能营造出温馨的视觉效果，在视觉与心理上给人温暖感觉的色彩都可以称为暖色调；冷色调是以蓝色为主的色彩，给人寒冷、清爽的感受（图2-25、图2-26）。

2. 纯度：低纯度色彩是指不鲜艳的色彩，给人质朴的感觉；高纯度色彩选用红色、黄色居多，给人充满活力的视觉感受。字体配色纯度越高，视觉冲击力就越高；纯度越低，字体的视觉冲击力越低（图2-27、图2-28）。

图2-25：红色、橙色、黄色是暖色调，在视觉上形成温暖舒适的感觉。

图2-26：冷色调能在视觉上形成比实际画面还要小的视觉效果。

图2-27：低纯度字体外观朴实无华，给人质朴自然的视觉感受。

图2-25　化妆品文字设计　　图2-26　饮料文字设计　　图2-27　低纯度字体

3. 明度：字体颜色越靠近白色，明度值就越高。提高字体明度，色彩就能变得清晰、绚丽；低明度色彩偏向于暗色系，给人稳定的心理感受（图2-29、图2-30）。

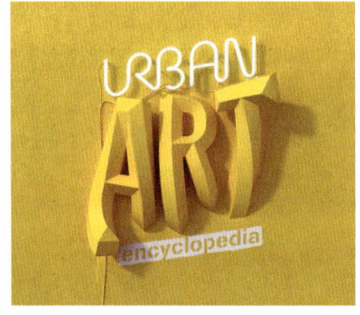

图2-28　高纯度字体　　　　　　　　图2-29　高明度字体　　　　　　　　图2-30　低明度字体

图2-28：高纯度字体色彩给人难以忘怀的视觉感受，更能引起视觉注意力。

图2-29：高明度字体在视觉上形成强烈的明暗对比，文字形象更加突出。

图2-30：相对于高明度字体色彩，低明度色彩受反射光的影响，字体在视觉上给人坚固感。

2.3　创意字体设计

2.3.1　连笔法

连笔法是一种字体设计方法，强调相邻文字和笔画间的自然连接，从而创造出一种活泼美观、字形连贯的文字形态。这种设计方式打破了方块字之间的隔阂，赋予了整个设计作品以美感。它重视字体的书写流畅性，使得字体信息更为凸显和鲜明，并产生独特的视觉效果。同时，连笔法还能突出文字信息的整体感和节奏感（图2-31）。

2.3.2　断笔法

断笔法是在保证可识别性的前提下，采用断笔

图2-31　连笔设计

图2-31：通过连笔设计，展现出笔画脉络与字体的整体效果，使笔画结构得到补充、延伸，呈现出一倾而下的效果。

法对文字笔画结构进行有策略的闭合包围。具体而言，在局部构造上适度开口，或者将某一局部构造适当断开，从而使文字笔画之间不再连贯，进而呈现出断开的效果（图2-32）。

2.3.3 空心法

空心法采用深色背景与无色文字的结合，创造出独特的视觉效果。通过在字体中央留白，使文字显得更加突出。空心字的笔触精细、稳定，然而，过于粗大的字体轮廓可能会导致重叠现象，因此，空心法更适用于发光灯箱和店面招牌等场景（图2-33）。

2.3.4 粗细法

粗细法是将原本的竖线或横线转变为其他形态的线条，使字形在保持简约风格的同时，多一丝生动的气息。这种设计手法不仅让字体更具个性化，还彰显出一种粗中有细的重力感（图2-34）。

2.3.5 尖角法

尖角法是将文字的圆角转换成直角、锐角、斜角等多种形式。从视觉角度来看，这种处理方式使得文字从原本的圆润变得锋利，给人一种强烈的硬朗感。在动画设计中，这种设计手法并不罕见，它能够带来强有力的视觉冲击力（图2-35）。

2.3.6 变形法

变形法是指改变字体外部结构，让字体外形发生改变，从而创造出独特的视觉效果。这种技巧可以通过错位、伸缩、描边等方式来实现。

1. 错位

错位设计的主要特征是将整齐的字体有序地错开，从而创造出一种错落有致、富有韵律感的视觉效果。通过这种设计方法，规整的文字得以呈现出丰富的变化，体现出独特的审美价值（图2-36）。

图2-32 断笔设计

图2-33 木板雕刻空心字体设计

图2-32：将字体不同部位色彩进行对比调配，将文字笔画进行错位、分解，表现出缺口造型，形成断裂、破碎、格状等效果，能使文字具有强烈的设计感与现代感。

图2-33：字体进行空心设计，会显得比较松散、粗犷，在某些场合可能会影响文字的清晰度和可能性，影响视觉的整体感受，可以将笔画结构适度断开，不同字形结构进行分离，形成全新的视觉感受。

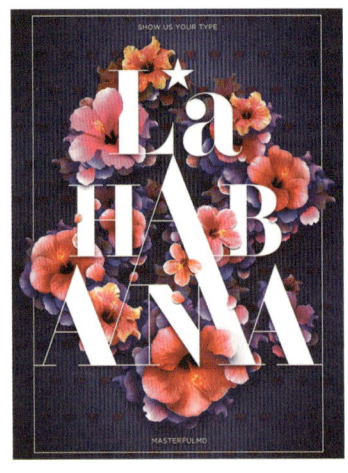
图2-34 字体粗细设计

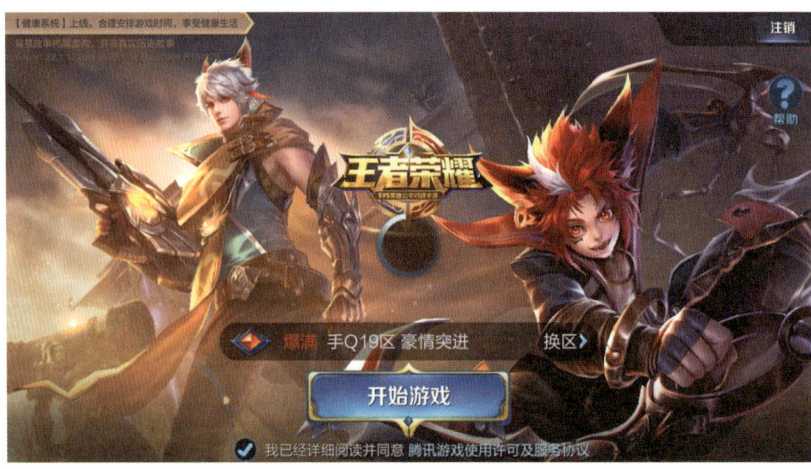
图2-35 尖角设计

图2-34：字体粗细设计，在视觉上有一种均衡稳定感，细笔画与粗笔画的结合，在画面上呈现出均衡性，能将字体的重力转移。

图2-35：根据文字内容与特点进行构思，笔画可长可短，字形可大可小，使产生均衡与对称、对比与统一的和谐感，能够快速提升画面的设计感。

图2-36（a）：挑选部分字体笔画进行错位设计，整个画面显示出艺术气息，给人强烈的设计感。

图2-36（b）：文字竖向排列，字形结构的错位排放设计形成较强的整体感，使得中心突出，青春主题得到深化。

（a）笔画错位

（b）字形结构错位

图2-36 字体错位设计

2. 伸缩

伸缩设计是在文字整体大小保持一致的前提下，通过扩大、缩减、压缩等手段来调整文字的外形（图2-37）。

3. 描边

描边设计是在文字边缘增加边框，能够突出文字，强化文字边缘，让字体显得厚重、富有层次（图2-38）。

2.3.7 共用法

共用法设计是指文字的笔画相互共用，将不同文字笔画彼此相接在一起，形成风格独特的新型复合字体，在视觉效果上达成统一感（图2-39）。

图2-37（a）：拉伸笔画长度后，字体结构在设计上没有较大改变，但是却赋予了文字新的生命，提升了文字的档次。

图2-37（b）：拉伸并直角处理笔画后，文字形态更加刚硬有力，整体效果更加丰富。

（a）拉伸笔画长度　　　　　　　（b）拉伸并直角处理笔画

图2-37　字体伸缩设计

图2-38（a）：将普通字体使用不同的色彩与结构进行描边，使内部的文字突起，简单勾勒后的字体散发出高端感。

图2-38（b）：对立体字母的形体扩展描边处理不仅能够突出立体感，还能使其整体质感得到强化，搭配中间的病毒图标呈现出协调感。

（a）实物描边　　　　　　　（b）形体扩展描边

图2-38　字体描边设计

图2-39（a）：通过环线连笔产生全新的字体形态，无论从任何角度来看，不同的字体之间保持着各自独立的结构特征。

图2-39（b）：通过单线连笔产生全新的字体形态，虽然对辨识度略微造成了影响，但是文字整体感得到加强。适用于上下排列的文字。

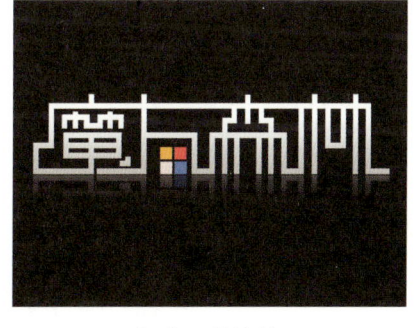 

（a）环线连笔　　　　　　　（b）单线连笔

图2-39　笔画共用设计

2.3.8　装饰法

装饰法设计是在保持文字整体不变的情况下，将字体笔画设计成具有一定装饰性的图形。通过对字体和笔画结构的刻意装饰，提升文字的辨识度，同时使字体展示出优雅、流畅的节奏感，为文字增添趣味性和生动性。这种改变文字面貌的设计方式，既满足了信息传达的要求，又使得文字具有独特的视觉效果（图2-40）。

（a）植物图形装饰　　　　　（b）曲线装饰　　　　　（c）物象图形装饰

图2-40　装饰字体设计

图2-40（a）：突出字体笔画的装饰效果，注入植物图形特征，同时还要保持文字的可读性，使内容表达更富有趣味性。

图2-40（b）：突出字体笔画的曲线形态，用剪纸效果体现柔美感，缤纷的色彩为曲线装饰设计注入趣味性。

图2-40（c）：在字体设计中应用物象图形，用夜空、烛光等图形构成画面主题，加入星星元素点缀装饰图形，整体视觉效果丰富。

2.4　字体设计案例解析

字体设计特别注重创意思维的拓展，对字形结构进行分析后再作变化，展示出设计师的创意思维和审美观。下面列出几款字体设计作品，深入解析设计方法与要点（图2-41、图2-42）。

（a）牛年贺岁　　　　　　　　　（b）2021新年快乐

图2-41　字体设计案例

图2-41（a）：对传统书法文字进行图案化拼接组合，获得紧凑集中的视觉效果，让文字整体显得有力量。

图2-41（b）：在数字中穿插图形，丰富数字的表意性，渲染出活跃的视觉元素。

玫瑰花束表示爱情与浪漫。　　对圆体字进行变形，拉伸字体笔画结构。　　外部环绕圆形，让文字组合具有集中感。　　将"嫁"改为"价"，注入商业营销信息。　　月亮与白兔表示七夕这一中国传统节日。　　直线形文字笔画打造出震撼的视觉效果。　　周边增加多种几何形，丰富文字表意氛围。　　叠加多重立体背景，凸显文字的立体效果。

箭头图形强化降价的趋势十分明显。

（c）七夕价给你　　　　　　　　　　（d）降价超给力

图2-41　字体设计案例（续）

图2-41（c）：对文字笔画进行连体设计，搭配圆形环绕与相关图案衬托，形成较强的整体感。

图2-41（d）：对文字进行直线变形和多重扩边，增加立体结构与光影效果，在视觉上获得震撼感。

图2-42　字体设计过程（王宇）

图2-42（a）：使用笔刷工具在底图上绘制无规则的自由曲线，形成边框，将文字锁定集中。

图2-42（b）：绘制个性卡通人物形象，表述字体设计的表意主题。

图2-42（c）：使用笔刷工具绘制文字，同时对文字进行局部笔画变形。

图2-42（d）：对"胃"进行强化绘制，夸张变形文字上部结构，与卡通人物图形的形体相呼应。

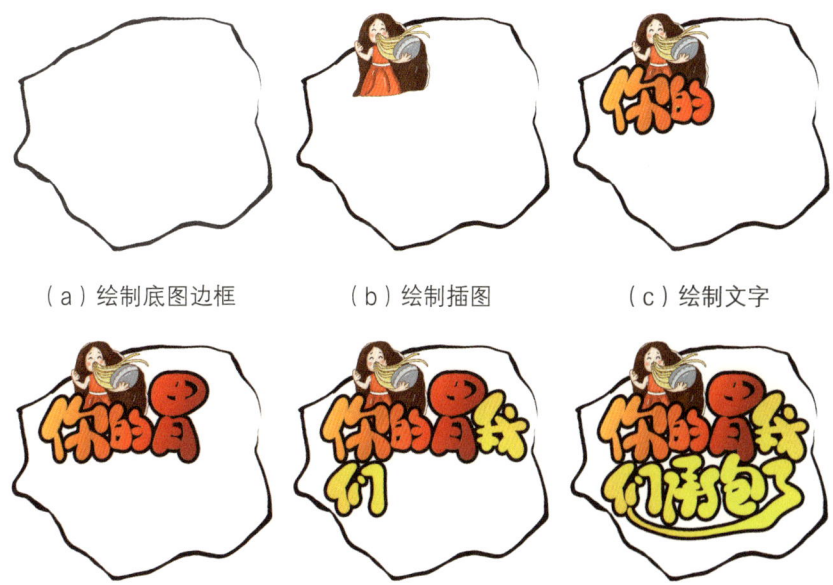

（a）绘制底图边框　　（b）绘制插图　　（c）绘制文字

（d）绘制并变形文字　　（e）绘制文字　　（f）绘制并变形文字

图2-42（e）：继续绘制文字，更换色彩，强化对比，选用黄色与红色激发观众食欲，表现字体设计主题。

图2-42（f）：对"了"进行笔画变形设计，拉伸笔画结构，使其成为整个字体组合的下部包围结构，让字体设计具有整体感。

图2-42（g）：给文字同一方向的笔画增加白色高光笔触，强化文字的立体感。

图2-42（h）：增加嘴巴与星形，对字体设计拟人化处理，显得生动灵活。

（g）增加高光　　　　　　（h）增加装饰

图2-42　字体设计过程（王宇）（续）

本章小结

本章介绍了字体的起源与演变，对我国文字设计发展进行了分析，巧妙讲解文字的演变过程，让读者对文字的由来有所了解。分析了字体的创意设计技巧、字体的外观设计方法、字体的色彩与造型方法等要点，有助于设计出更多符合大众审美的视觉传达设计作品。

课后练习

1. 请简要讲述汉字的发展历史。
2. 甲骨文对我国汉字的发展具有哪些意义？
3. 文字具有哪些功能？
4. 文字的社交功能主要体现在哪些方面？
5. 书法字体与装饰字体的书写要领是什么？
6. 创意字体设计的方法有哪几种？
7. 如何快速识别连笔画与笔画共用的不同点？
8. 请简述四大楷体的代表者与代表作，点评其书写风格。
9. 请简要分析尖角法在游戏、动漫类设计中的意义？
10. 独立完成一件平面字体设计，题材范围不限，要求设计思路清晰，具有创意思维。
11. 查阅中华人民共和国开国大印设计的历史背景，了解毛泽东主席将开国大印字体定为宋体的特殊用意。

第3章
插画设计

识读难度：★★☆☆☆
重点概念：插画分类、表现形式、
发展历程、设计元素、
错觉设计

> **章节导读**
>
> 插画设计广泛应用于视觉传达设计领域。这种插画类型的受众范围极广，不同的插画能够传达出各异的设计情感，为观众带来直观而深刻的视觉体验。插画设计最重要的特质在于其绘制方法简单而自由，能够随心所欲地表达出设计者的独特想法。
>
> 图3-1：古风插画是一种独特的艺术表现形式，具有鲜明的民族特色和深厚的文化底蕴。古风插画的特点在于它将古代的传统文化与现代审美需求相结合，既保留了传统的韵味，又具有时尚的气息。其人物形象丰满、线条流畅，注重细节描绘，表现出了东方审美的独特韵味。

图3-1 古风插画

3.1 插画设计概述

3.1.1 插画设计概念

插画设计是一种结合艺术和沟通的创作形式，通过图像传达情感、故事或信息。它通常用于书籍、杂志、广告、包装和数字媒体等多个领域，以增强视觉吸引力和信息传达效果。插画师运用各种绘画技法和风格，创造出独特的视觉语言，能够引起观众的共鸣和思考。插画设计不仅是对内容的直观表达，还包含了创作者的个人风格与艺术视角。它能够将复杂的概念简化，使信息更加生动易懂。随着数字技术的发展，插画设计的表现形式不断扩展，包括手绘、数字绘图、三维建模等，赋予插画更大的创作自由度和表现力。插画设计在当今社会的信息传播中扮演着重要的角色，丰富了视觉文化的多样性。

1. 传统插画

传统插画设计不仅保留了我国的民族文化特色，在创意文化内涵、视觉形象审美以及传统文化观念的表现方面也极为重视（图3-2）。

2. 现代插画

现代插画设计是一种具有强烈信息传播功能的视觉艺术形式，通过绘画表现，汇集了视觉心理、艺术造型、语言符号和信息传播等多种元素。其直观传达出特定的视觉形象，弥补了文字和语言在表意方面的缺陷，成为现代传播媒体中不可或缺的设计形式（图3-3）。

3.1.2 插画设计类型

插画设计广泛用于现代设计的多个领域，如文化活动、商业活动等，具有十分重要的作用（图3-4）。

图3-2　传统插画　　图3-3　现代插画

图3-2：传统插画保留了民族特色，丰富的画面与大胆的色彩搭配，表现出对传统文化的传承与发展。

图3-3：现代插画超越了传统的审美界限，在设计上尽量使用扁平图形，弱化线条形态，让色彩搭配具有时代特征和装饰效果。

图3-4：插画设计是一门兼具艺术性与实用性的创意产业，设计类型丰富，通过图像与文字的结合，为读者带来愉悦的视觉体验。

图3-4 插画设计类型

3.2 插画应用分类

3.2.1 商业插画

1. 商业广告插画

商业广告插画的核心价值在于以图像为主导，通过视觉传达吸引消费者的关注。商业广告插画通常强化商品主体形象，形成强烈的视觉冲击力。为了实现这一目标，商业广告插画在设计过程中需着重考虑色彩的运用，力求通过鲜明的色彩搭配使商品形象更具吸引力（图3-5）。

2. 吉祥物插画

在吉祥物插画设计中，产品特性与企业形象之间的紧密关联性至关重要，不能忽视。设计师需精心考量卡通形象与产品之间的契合点，确保吉祥物能有效传达品牌理念和产品特色。同时，设计应

（a）圣诞节插画　　　　　　　（b）万圣节插画　　　　　　　（c）电影招贴插画

图3-5　商业广告插画

图3-5（a）：促进商品销售的插画应当显得通俗易懂，易于接受。在广告中注入广谱的视觉形象，如圣诞节主题下最具有代表性的人物——圣诞老人，让消费者产生共鸣。

图3-5（b）：万圣节主题下的炸鸡广告，将炸鸡桶放在画面中心位置，添加南瓜笑脸与巫师帽等元素烘托节日氛围，起到强调主题的作用。

图3-5（c）：电影招贴插画采用科幻元素，深色的背景显得高深莫测，令人深思插画主题与商品之间的关联。

充分挖掘并融入企业文化与产品的独特性，使吉祥物不仅具备吸引力，还能增强品牌辨识度。此外，借鉴企业的主题形象进行设计也是一种有效策略，有助于保持品牌视觉的一致性，并提升品牌的整体形象与认同感（图3-6）。

3.2.2　出版物插画

出版物插画依据出版物主题进行创作，旨在通过视觉图像更好地传达出版物的中心思想与表意意境。例如，文学艺术类图书插画需要插画师具备一定的文学修养与艺术素养，通过插画来传达文学作品的中心思想，展现作品的独特魅力；对于儿童类读物的插画，快乐童趣和健康体验是其传达积极向上精神的关键要素；对于自然科普类图书的插画，插画师需要深厚的美术功底和丰富的想象力，才能准确地传达科学真理；而在社会人文类图书的插画中，插画师的生活阅历和文化沉淀决定了其能否成功地表现出其中所蕴含的哲学思考（表3-1）。

图3-6　俄罗斯世界杯吉祥物插画

图3-6：吉祥物插画设计时要充分考虑产品特征、商业性质、企业形象等要素，注入更多地域文化特色。

表3-1　　　　　　　　　　　　　　出版物插画类型

分类	文学艺术类	儿童读物类	自然科普类	社会人文类
形式	文学底蕴与艺术修养	快乐童趣与健康体验	美术功底与想象力	生活阅历与文化沉淀
图例				

3.2.3 影视插画

影视插画在创作过程中，需要紧密结合剧本内容，不断寻求新颖的视角来展现场景，同时通过插画手法塑造人物形象、设定造型、构建场景以及定义风格等元素。在科幻、动漫影视作品中，许多人物的设计最初都是以插画形式呈现，待观众对角色产生一定认知后，才将其搬上荧幕。在设计过程中，人格互换的方法被广泛采用，力求精准把握人物的外在形象和内在神韵，深度展现角色真实情感（图3-7）。

（a）注重场景表现　　　　　（b）注重人物表现

图3-7　电影《冰雪奇缘》插画

图3-7（a）：科幻电影与游戏中的插画设计场景具有高还原度和仿真度，通常会绘制出一个系列的插画作品来表现影视剧情特征。

图3-7（b）：表现角色形象与性格特征的插画是影视插画中必不可少的，精细程度往往较高。

补充要点

动画插画

动画插画的播放规格通常为24帧/秒，一幅插画为一帧，将大批插画绘制成很多帧，再连贯播放。大多数动画采用平涂勾线的方法绘制，这种制作方法能快速大量复制，观赏效果简洁明了。现代三维动画技术发展迅速，用三维建模制作的动画造型会更形象生动（图3-8）。

图3-8（a）：电影中的场景剧情插画充满浓厚中国风，红蓝两色对比强烈，丰富绚丽。

图3-8（b）：人物角色插画展示人物角色的魅力，对表情的刻画表现人物内心活动，引导观众进入角色的内心世界。

（a）场景剧情插画　　　　（b）人物角色插画

图3-8　电影《哪吒之魔童降世》插画

3.2.4 产品包装插画

1. 说明插画

说明插画画面简短，主要用于阐释和展示某一事物。例如，在产品说明书或安装示意图中，插画能够直观地传达信息，清晰地指导用户完成操作。说明插画具有高度的传播性，简洁明了、视觉效果明显，信息传递十分便捷（图3-9）。

2. 展示插画

展示插画的表现主题多为吉祥物或品牌代言人。通过活泼的插画形象，商品信息得以生动传达，同时，运用幽默、小清新、夸张、文艺等手法，能够有效吸引消费者关注。插画在表现主题时，更注重对人物或产品的特写和细节描绘（图3-10）。

图3-9：插画类型的产品说明书与文字相比较，直观性更强，用户能够快速获取图上信息。

图3-10：女性是面膜的主要消费群体，采用女性形象的插画设计，十分符合品牌的包装定位。

图3-9　产品说明书　　　　图3-10　面膜包装

3.2.5　网络游戏插画

网络游戏插画主要用于游戏前期宣传、交互式操作界面、后期静态展示界面中,在游戏运营、宣传中起到重要的作用(图3-11)。

3.2.6　立体插画

立体插画是一种空间感强烈、表现力丰富的插画创作形式,其创作方式较为多样。创作者可以根据设计主题,创作一件立体构成作品。随后将该作品拍摄成照片,并进行相应的修饰处理。另一种创作方式是基于照片通过计算机图形制作软件进行绘制,以描画的形式展现立体形象(图3-12)。

3.2.7　POP广告插画

POP广告插画主要出现在各种商业促销领域,可以被划分为两大类别:印刷POP广告插画和手绘POP广告插画。手绘POP广告插画通常采用色块

图3-11　手游插画

图3-11:手游插画十分常见,精美的插画形式能让人眼前一亮,为游戏玩家带来预先体验感。

分面平涂的方式进行创作表现,这种方式具有制作成本低、时间短、受众广等优势,甚至可以通过计算机图形软件模拟出手绘的效果(图3-13~图3-15)。

3.2.8　教科书插画

教科书插画是通过图形、图表和插画等形式,对基础文字内容进行解释和阐明,帮助读者准确快

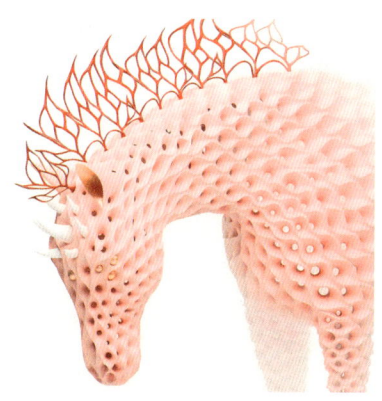
(a)衍纸立体构成

(b)三维软件立体建模

(c)二维软件图形绘制

图3-12　立体插画

图3-12(a):利用衍纸材料创作立体构成作品,再用摄影的手段进行表达,实现传统与时尚的有机结合。

图3-12(b):通过三维软件立体建模得到立体形象,说明现代插画已不再局限在二维表现的空间范围,能够用更加多样的技术手段做出丰富效果。

图3-12(c):用二维软件绘制图形形成立体效果,给人以强烈的视觉冲击力,具有丰富的形式美感。

速理解书中的文字含义。这样的处理方式不仅确保了知识的准确传达,同时也传播了艺术的美感。教科书插画的特点在于其直观性和客观性,其绘画风格严谨,表意精准(图3-16)。

图3-13　古风建筑广告插画　　　　图3-14　悬挂式POP广告　　　　图3-15　POP广告插画

图3-13:古风建筑场景是POP广告插画中的万能创作元素,能表现出多样的商品服务,强化广告形式。

图3-14:摆放在商业空间内的POP广告,搭配插画商品元素,可以吸引消费者注意。

图3-15:强烈的色彩、美丽的图案、突出的造型、幽默的动作、准确而生动的广告语言,可以创造强烈的销售气氛,吸引消费者的视线,运用手绘图案的形式来表现POP广告插画,具有强烈的复古、怀旧气息。

图3-16(a):插画在教科书中应用的形式多样,为帮助学生准确理解教材内容,科学教科书插画大多搭配文字来辅助说明。

图3-16(b):童话文学教科书插画更注重丰富的色彩渲染效果,画风温馨。

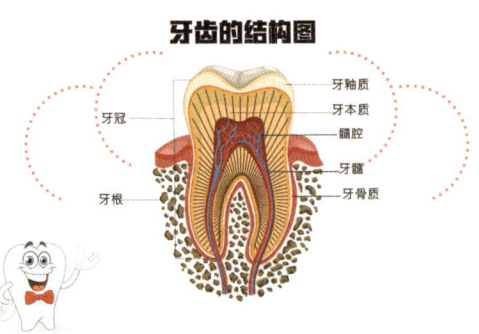

(a)科学教科书插画　　　　(b)童话文学教科书插画

图3-16　教科书插画

3.3　插画视觉元素设计

3.3.1　视觉引导设计

在人类视觉感知中,信息输入的多样性和复杂性使得人们的视线难以长时间专注于某一固定位置,当各种视觉元素,如文字、图形和色彩等,不断刺激人的眼睛时,就容易产生视觉疲劳。因此,在进行插画设计时,应遵循视觉规律,充分考虑公众的阅读习惯,将各类视觉元素有机地融入插画设计中(表3-2)。

表3-2　　　　视觉元素分类与特点

类型	特点	图例
垂直线	引导视线上下运动	
水平线	引导视线左右运动	
斜线	引导视线斜向运动	
矩形	引导视线向四周运动	
圆形	引导视线呈辐射状运动	
三角形	引导视线向顶角运动	

3.3.2 视线途径设计

1. 线性运动

线性运动设计的画面陈列简洁而强烈，分为直线运动与曲线运动两种类型。直线运动的具体表现形式包括竖线、横线以及斜线等，而曲线运动则主要涵盖弧线与曲线等。借助线性运动的表达方式，能够凸显图形的主题内容，使其具有特殊的意义（图3-17～图3-19）。

图3-17：直线运动的视觉效果十分稳固，无论是从上至下，还是从下至上，都具有强烈的围合感。

图3-17　直线运动

图3-18　斜线运动

图3-18：斜线运动能够使画面具有动态感，扑面而来的画面感极强。

图3-19 曲线运动

图3-19：曲线运动具有流畅的美感，曲线又分为弧线与回旋线，具有扩展感与方向感。

2. 重复运动

重复运动设计具有较强的节奏感，通过对画面中不断重复出现的视觉要素进行有序排列能够引导观众的视线在画面中反复运动，这种视觉再现的过程不仅能够增强画面的动感，还可以在观众心中留下深刻的印象（图3-20）。

3. 散点运动

人的视觉选择并非固定不变，而是会随着零散的要素自由地进行调整。这种现象可以借助散点运动来解释，视觉要素被打散和分离赋予了视觉选择极大的随意性。因此，散点运动所呈现出的视觉效果往往能给人一种轻松、自由的感觉（图3-21）。

4. 重心运动

重心运动是指通过对比强烈的构成和色彩元素，使主要的图形或文字充分占据画面重心的表现形式，在设计领域具有重要地位（图3-22）。

5. 导向运动

导向运动是在某一个方向作出运动轨迹，由一个绘画元素来引导观众视线，然后按照主次顺序，将画面中的不同元素串联成一个整体（图3-23）。

6. 向心运动

向心运动是指物体在进行视觉环绕运动时，会产生较大的向心力。这种向心力的作用使得物体在环绕圆心进行运动的过程中，人的视线流动方向会从四周向画面重心所在处集中（图3-24）。

7. 离心运动

离心运动是指物体在进行向外扩散运动时，会产生较大的离心力，物体在此过程中会逐渐偏离圆心而运动，其视觉效果犹如将石子投入水中所激起的涟漪。要体现这种视觉感受，需要特定的表现对象，如蒲公英，蒲公英种子会随着空气流通而发生分离，要避免将其误认为是向心运动（图3-25）。

图3-20 重复运动

图3-21 散点运动

图3-20：重复将某一视觉要素进行视觉效果再现，整体节奏感很强。

图3-21：将某一视觉要素分散，得到更多的视觉点，视觉的随意性很强。

图3-22:在视觉引导上,首先会以画面的重心开始,然后顺着图形方向与力度来进行视线运动。

图3-23:在画面中可以看出,自行车的运动方向很明确,人的视线流动方向与自行车方向一致。

图3-22　重心运动　　　　　图3-23　导向运动

图3-24:向心运动是周围的视觉效果向圆心靠拢,形成视觉焦点。

图3-25:离心运动是视觉向外扩张,有向外扩散开的感觉。

图3-24　向心运动　　　　　图3-25　离心运动

3.3.3　错觉设计

错觉设计是指当人们所感知到的对象与客观事实不相符时所产生的一种现象。这种错觉可能会干扰人们的正常视觉活动。然而,在视觉传达设计领域,可以巧妙地利用这种错觉现象,以实现特定的设计目标。

视觉错觉可以分为几何学错觉、认知错觉和生理错觉等不同类型。在视觉传达设计中,设计师可以利用这些错觉原理,调整设计元素的布局和形状,从而引导观众的视线和感知,使其产生一种特殊的视觉效果(表3-3)。

表3-3　　　　　　　　　　　　错觉设计类型

类型	特点	图例
几何学错觉	由图形构造引起的错觉,图形的大小、角度、面积等会有所差异	

续表

类型	特点	图例
生理错觉	由视觉错视引起的错觉，会产生短暂的疲劳，人眼在长时间接触强烈色彩后会形成补色与残像的错觉	
认知错觉	由认知心理引起的错觉，这与人的生活经验、情感、人格相关	

3.4 插画设计案例解析

插画设计特别注重故事或表意主题情节，对视觉元素进行多次再创造后绘画表现出来，营造出具有想象力的空间，使其在视觉上具有更强的吸引力和表现力。下面列出几幅插画设计作品，深入解析设计方法与要点（图3-26、图3-27）。

设计多种人物角色，搭配不同表述内容，对每个人物的五官表情与动态进行细致刻画，传达不同信息主题。

图3-26　插画设计案例

搭配家具等物件来丰富画面，与人物角色形成呼应，营造出故事场景。

复合式插画表现需要构思情景，对重点器物放大绘制，前后叠加形成强烈的层次感。

对同一个人物角色进行多种表情设计，满足不同文字信息注解需要。

图3-26　插画设计案例（续）

（a）绘制底图色块

（b）绘制主景造型

（c）绘制周边配景

（d）绘制投影与近景

图3-27　插画设计过程（John Park）

图3-27（a）：采用大面积色块营造空间层次与明暗关系，甚至可以随意涂鸦出重点内容区域。

图3-27（b）：从局部开始绘画，重点表现画面中央细节。

图3-27（c）：逐步绘制周边配景，进一步强化主景人物细节。

图3-27（d）：强化表现建筑在地面上的投影，通过投影来反映真实的光照效果与场景氛围。

图3-27（e）：不断深入刻画各处细节，尤其是对前景人物与细节进行细致表现。

图3-27（f）：增加远景，整体调整画面的色彩层次，形成丰富且真实的场景氛围。

（e）细致刻画近景　　　　　　　　　　（f）增加远景

图3-27　插画设计过程（John Park）（续）

本章小结

插画设计是视觉传达的一种重要表现形式，以最直接、最生动的方式迅速吸引观众的注意力，其独特的视觉效果使观众能直观地理解设计者的意图。相较于文字和声音，插画的信息传递速度更为迅速。本章深入探讨了插画在实际生活中的应用，详细划分插画设计的形式和类型，并系统地呈现了插画视觉元素设计。

课后练习

1. 从艺术与商业角度来看，插画可以分为哪几类？
2. 如何理解商业插画的设计画风？
3. 插画主要应用在哪些领域？
4. 插画的作用是什么？
5. 插画的基本功能诉求是什么？
6. 请阐述插画的表现方法有哪些？
7. 请简述目前我国插画设计最擅长的领域，为什么在这一领域中发展良好？
8. 插画设计作为视觉传达的设计形式，审美特征可分为哪几类？
9. 从目前的插画绘制形式中，哪一种插画制作手法更简单快速？
10. 对一件热销产品进行包装插画设计，突破传统包装设计模式，展现插画的魅力。
11. 查阅中华人民共和国成立后的插画艺术发展史，了解改革开放对插画行业及流行风格的影响。

第4章 标志设计

识读难度：★★★☆☆
重点概念：标志特征、设计原则、创新元素

◀ **章节导读**

标志是最具实效性的图形语言传播媒介，标志已经成为现代社会生活中必不可少的组成部分。了解标志设计的来源与发展，能让我们在设计中发挥完善的创意，并且与时代背景相结合，同时能表现出品牌个性（图4-1）。

图4-1：以阿拉伯数字"4"为核心主体，采用闪电图形从中拦腰截断，表示过半的时间，强化表意4：30，搭配下午茶的图形，示意明确的经营范围。

图4-1 下午茶饮品店标志

4.1 标志设计概述

4.1.1 标志设计概念

标志设计是通过视觉符号和图形元素，传达品牌或组织的核心价值和独特身份的创作过程，可以作为国家、机构、组织、团体、企业以及个人的象征。一个成功的标志不仅应简洁明了，易于识别，还需具备与众不同的特征，以便在竞争激烈的市场中脱颖而出。标志设计通常包括字体、颜色、形状等元素的精心组合，旨在建立品牌形象和公众认知。有效的标志能够激发情感共鸣，使消费者与品牌建立联系，增强品牌忠诚度（图4-2）。

图4-2 健美健身标志设计

图4-2：健身房作为健康锻炼的机构，在标志设计上运用了体育锻炼项目元素，突出该机构的特色。

4.1.2 标志特征

为了便于识别、记忆、制作和推广，标志应当具有代表某种事物的信誉与象征的特性，这是经过时间检验的。标志图形具有以下六个方面的特征（图4-3～图4-9）。

4.1.3 标志功能

1. 营造鲜明形象

品牌和企业若想让标志深入人心、令人印象深刻，必须让标志具备独特且鲜明的特性。标志的高使用频率和广泛的适用范围，使其成为塑造形象、占据市场的重要竞争媒介（图4-10）。

2. 树立良好信誉

标志作为企业的象征，不仅有助于企业在市场中树立形象，提升竞争力，同时也是保障产品质量、维护企业信誉的重要手段。对于那些知名品牌

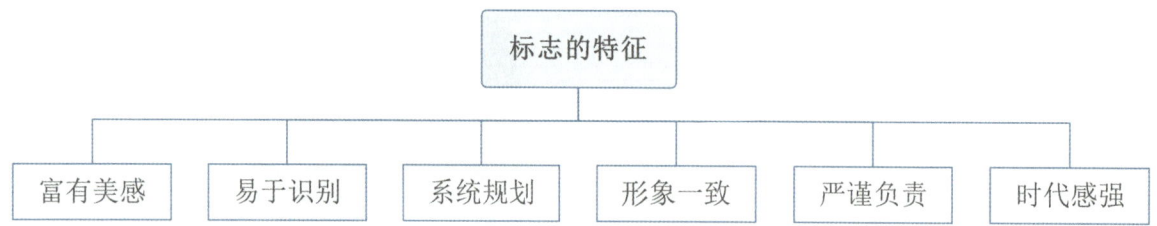

图4-3 标志的特征

图4-3：标志设计是艺术和科学的结合，它需要设计师具备敏锐的洞察力、创新的设计思维和扎实的设计技巧，给标志的特征注入活力，通过精心设计，让富有特征与时代精神的标志成为品牌的灵魂和形象代言，为品牌带来巨大的影响力和商业价值。

图4-4 富有美感的标志　　图4-5 易于识别的标志　　　　　　　图4-6 系统规划的标志

图4-4：标志在保证易于识别的前提下，极力追求美观性，追求美感。

图4-5：标志设计的第一要求就是要容易识别，能够让所有人都知道标志传达的意义。

图4-6：系统化标志设计，适用于连锁型的企业或单位，需要统一、规范化管理。

而言，标志更是优质与实力的象征（图4-11）。

3. 表明身份

作为一种高度象征性的视觉元素，标志能够迅速而明确地彰显其独特的身份特征，并与其他事物建立深刻的联系。如国旗和国徽作为国家的代表性标志，它们所蕴含的意义是无法用言语来完全表达的。此外，公共场所、交通以及安全等方面的标志，对于引导人们进行有秩序的活动具有极为直观和快捷的效果（图4-12）。

4. 扩大知名度

标志在发展经济、创造经济效益、维护企业与消费者权益等方面具有重要价值，其沟通、交流和宣传功能对于国际交流也具有积极的推动作用（图4-13）。

5. 创造价值

标志是企业的重要知识产权，这一标志性的元素有助于企业的广泛宣传，创造高知名度，进一步推动产品销售及市场份额的巩固。为了实现这一目标，企业不仅在宣传上做出努力，更在产品的质量提升上不断进行探索与突破，产品的品质优化不仅有助于提升企业的市场地位，也进一步推动了企业的持续发展（图4-14）。

图4-7　形象一致的标志　　图4-8　严谨负责的标志　　　　　　　　图4-9　时代感强的标志

图4-7：标志与设计对象应当完全一致，海底捞作为火锅连锁企业，红色的形象设计在视觉上就能给人一种火辣辣的感觉。

图4-8：每个国家都有自己的商标法律法规，社会机构、企业都有自己的名声、形象和信誉，红十字机构的标志在设计上符合自身的定位，同时也要注意国家对该标志的使用规范。

图4-9：标志设计要经得起时间检验，更要保持自身历史，将现代时尚与历史文化相结合，使图形具有持久的生命力。

图4-10：可口可乐与百事可乐作为饮料界的两大主力，树立鲜明的企业形象，能够让消费者自主选择。

图4-11：达能作为世界著名的食品集团，集中打造强势品牌，树立了良好的企业形象，让标志发挥最大价值。

图4-10　营造鲜明形象的标志　　　　图4-11　树立良好信誉的标志

图4-12 表明身份的标志　　图4-13 扩大知名度的标志　　图4-14 创造价值的标志

图4-12：标志的主要特质就是其独特性。标志就像身份证，便于消费者快速区分企业，并以此进行比较和选择。

图4-13：国际化标志得以迅速推广和发展，是成为视觉传达最有效的手段之一，并成为人们共通的联系工具。

图4-14：知名品牌的商标即价值，属于潜在的消费元素，是一个企业长期以来的价值象征。

— 补充要点 —

标志与标记、标识的区别

标志与标记、标识表示同一概念，但是仍有区别。标记是指货物的记号，标识指徽章、招牌、标签、吊牌等具体标志物。标记与标识能体现标志的部分功能特性，但是不能体现标志的全部含义。标记只有记号功能，缺少象征意义的功能。标识只是突出识别功能，较少指示功能。完整的标志，不仅包含了标记和标识的内容，而且有象征意义的功能。

4.2　标志设计组成元素

4.2.1　文字元素

1. 汉字字标

在汉字的创造与演变过程中，象形、会意和形声等特性逐渐得到提炼与升华，使汉字在表形和表意功能上趋于完善。将具备音、形、意等特点的汉字运用于标志设计，是实现民族化设计目标的重要途径。这种方法充分发挥了汉字的象形、会意和形声特征，展现出极高的艺术价值和文化内涵，既传承了中华传统文化，又为现代设计注入了独特的创意和灵感（图4-15）。

2. 拉丁字母字标

拉丁字母凭借其独特的设计特征和强大的信息承载能力，简洁明了的几何造型，在标志设计领域得到了广泛认可与应用。拉丁字母的标志设计通常通过字母与图形的结合，直观地传达产品和组织的特性。其设计形式多样，包括字母缩写组合、全称字母组合以及单一字母等。这种灵活性使得拉丁字母成为品牌形象塑造的重要工具，能够有效提升品牌的辨识度和视觉吸引力（图4-16）。

3. 汉字与拉丁字母结合的标志

汉字与拉丁字母相结合的设计手法是中国标志国际化的主要表现形式，不仅见证了组合标志发展的关键历程，还对民族工商业的蓬勃发展产生了积极影响（图4-17）。

4. 阿拉伯数字与拉丁字母结合的标志

阿拉伯数字与拉丁字母结合的标志在设计领域中被广泛使用，这种表达方式具有显著的国际化特性。举例来说，连锁店的标志设计通常会采用数字来进行形体区分，结合拉丁字母用于表意，这样能够更好地凸显现代感和区域性（图4-18）。

4.2.2 图形元素

1. 具象标志

具象标志具有独特的形象特征，这往往是通过对自然和人文事物的深度提炼和概括得来。具象标志的创作过程运用了提炼、完善和夸张等手法，对事物形象特征进行变形处理，进而构建出一种全新

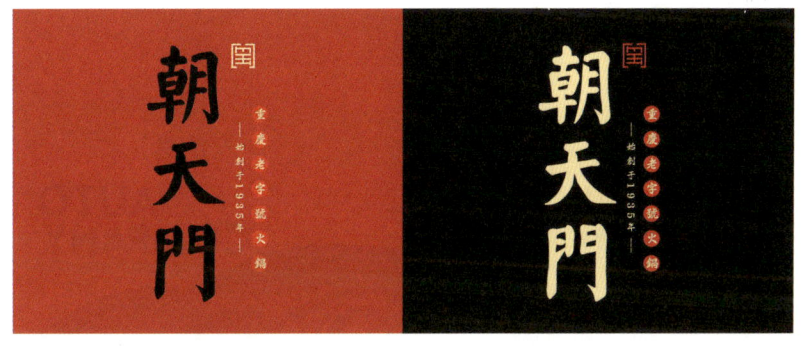

图4-15　汉字标志设计

图4-16　拉丁字母标志设计

图4-15：运用汉字的音、形、意，将汉字作为一种表达吉祥寓意的插图元素，具有良好的传达效果。

图4-16：拉丁文字主要是以表音的形式出现，在国际化的推广使用中，具有通用性的拉丁文字在沟通上能够缩短距离。

图4-17：汉字与拉丁文字结合的标志，结合了各国本土语言与外来语种，展现了现代文明的发展水平。

图4-18：7-ELEVEN是全球最大的连锁便利店，已经成为便利店的国际通用语言，7-ELEVEN标志中7和11数字的巧妙结合，分别运用阿拉伯数字与拉丁字母，搭配白色底图，适用于广告灯箱透光照亮7-ELEVEN品牌。

图4-17　汉字＋拉丁字母设计

图4-18　阿拉伯数字＋拉丁字母设计

的标志图形。具象标志的设计多以人体、动物、植物、器物等形态为基础（图4-19）。

2. 抽象标志

抽象标志的设计需要先从设计对象的特性中提炼出抽象的元素，如点、线、面等。这些元素通过重组或模拟，形成一种感知和概念上的相似性，赋予了标志图形显著的秩序感，使其具有强烈的现代感和视觉冲击力，同时具备深刻的象征意义（图4-20）。

在设计抽象标志时，常会采用圆形、四方形、三角形、多边形、方向形等基本形状（图4-21）。

4.2.3 色彩元素

色彩的运用在标志设计中起着至关重要的作用，它能够凸显品牌的特色，强化视觉冲击力，提高识别度和记忆度。在设计标志配色时，应审慎考

图4-19（a）：人物器官造型的标志，充分融合了人体语言的情感与思维，达到惟妙惟肖的设计效果。

图4-19（b）：动物造型的应用，在人类历史上是最古老最原始的题材。

图4-19（c）：植物是大自然中美好事物的象征，所以植物造型在标志的运用中也是很常见、很突出的。

图4-19（d）：虚拟且美好的事物经常会被用于标志图形的设计中，以彰显企业、品牌等设计主体的性质特征和文化理念，赋予其崇高的形象魅力。

图4-19（e）：生活中伴随现代工业所产生的器物越来越多，汽车图形标志往往反映了现代文明的生活方式。

（a）人物器官造型　　（b）动物造型　　（c）植物造型

（d）虚拟动物　　（e）工业产品

图4-19　具象性标志设计

图4-20（a）：将具象图形转化为抽象图形来表达标志含义，富有动感的人物造型结合抽象符号来进行综合表现，弥补单一图形的单调感。

图4-20（b）：将具象图形转化为抽象图形来表达标志含义，夸张抽象人物肢体动作，结合产品元素来进行表现，造型较为吸睛。

（a）抽象人物与符号造型　　（b）抽象人物与产品造型

图4-20　抽象图形标志设计

虑配色，减少颜色种类以降低标志形象的不稳定性，避免增加后期制作的难度。

1. 同色系标志

同色系是指两种相邻且色差较小的颜色组合在一起。这种组合方式使得标志图形在外观上呈现出更强的整体性和统一性。应用暖色同色系，标志形象会显得更加积极和活跃；使用冷色调同色系，标志形象则会显得随和自然。通过这种方式，我们可以利用同色系来创造出不同性格和氛围的标志设计（图4-22）。

2. 无色系标志

无色系是指黑、白、灰色系，具有广泛的应用价值。其视觉效果鲜明，对比度和层次感分明，呈现出强烈的视觉冲击力和识别性（图4-23）。

图4-21（a）：对一个中心点做等距离的运动，从起点出发，运动一周又回到原点，起点与终点重合，形成强烈的集中感。

图4-21（b）：四边形具有一定方向性。四边形又分为正方形、矩形、菱形、梯形等，它们都拥有独特的个性。

图4-21（c）：三角形是最为稳定的几何图形，是常被用于标志形象设计的几何图形，以树立稳定庄严的形象或表现紧张的视觉张力。

图4-21（d）：运用多边形不如常见的几何图形容易识别记忆，但若在其中添加一些富有视觉冲击力的图形则可使其形象更富有视觉张力。

图4-21（e）：方向形图形又称箭头形，具有强烈的方向感，能够体现出较强的方向导向性，以形成不稳定的感觉，从而赋予其活跃的性质。

图4-22：采用红色系图形与符号，让标志看起来积极向上，整体暖色调标志具有统一性。

图4-23：无色系标志主要以黑底白字、白底黑字、灰字白底等形式出现，在视觉上趋向平衡。

（a）圆形

（b）四边形

（c）三角形

（d）多边形

（e）方向形

图4-21 抽象标志的表现形式

图4-22 同色系设计

图4-23 无色系设计

3. 对比系标志

对比系颜色是指在色相环中相隔120°的颜色组合，如红色与蓝色、橙色与紫色等。这类色彩组合具有鲜明的视觉效果和高度的辨识度，常被用于设计中以突出标志形象。为了达到更好的视觉效果，通常需要通过多种调和手段对对比效果进行优化（图4-24）。

4. 互补系标志

互补系颜色是指在色相环上相隔180°的颜色组合，如红色与绿色、黄色与紫色等。在设计过程中，颜色的选择以及版面的大小对于标志的设计起着关键作用。如果一种颜色在版面上占据较大面积，那么另一种颜色就会占据较小的面积，这样的调整将使颜色组合在视觉上更加和谐（图4-25）。

图4-24：在这个标志中，黄色与绿色形成对比，赋予了标志十分活跃的形象。

图4-25：通过色彩面积的大小对比，表现其对比效果和视觉美感，以突出其标志图形的视觉形象效果。

图4-24 对比系设计

图4-25 互补系设计

— 补充要点 —

色彩对标志设计的作用

1. 凸出识别：精心设计创造的色彩能提高标志的识别性。例如，可口可乐标志运用的红色具有稳定、鲜艳、厚实、富有活力等特征，无论远近观看，都能确认可口可乐无疑。

2. 带来情感：色彩能给人情感带来影响。例如，红色能使人兴奋、冲动，给人以喜庆、热烈、激情的感觉；米色让人感到平淡，作为背景色给人以朴实的感觉。

3. 提高审美：标志要使人赏心悦目，能愉快地接受信息。标志色彩的审美性能满足人们的审美需求，以美的色彩向人们传递信息。

4.3 标志设计原则

4.3.1 找准设计定位

标志是一种有属性的视觉图形信号，其设计的核心在于确保其含义的准确性，使人一眼就能明白，以实现易于理解和传达明确信息的目标（图4-26、图4-27）。标志是一种视觉设计语言，具有传达特定事物的特性,其设计应精确并鲜明地表达出特定的思想或含义,以符合易懂、易记、易传播的原则。

4.3.2 突出标志形象

标志形象应当鲜明、强烈,使人一目了然。此外,标志设计还必须兼顾艺术性,使其具有强烈的艺术感染力,为人们带来美的视觉享受(图4-28、图4-29)。

艺术化的设计元素和美学法则的创造性运用可以使标志形象焕然一新,显得独特美观。这需要对可视标志图形进行精细的艺术造型加工,包括提炼、概括和推敲等过程(图4-30)。

4.3.3 便于加工制作

设计标志时应考虑其制作工艺的便捷性,以降低成本并适宜各类媒体宣传、推广及传播活动。在不同使用环境和场合下,标志的制作方式会有所差异。因此,设计过程中需充分权衡制作工艺的需求,避免过于复杂的形体导致制作困难(图4-31、图4-32)。

标志的制作与各类材料密切相关,不同的材料

图4-26:成功的标志需要精练、概括,具有瞬间高度识别功能,能取得出奇制胜的视觉效果,切忌烦琐与过分装饰。

图4-27:标志应运用准确的视觉语言传递信息,传达主题内容。

图4-26 易于识别

图4-27 紧扣主题

图4-28 亨利地产标志

图4-29 星巴克标志

图4-30 山水庭园物业标志

图4-28:亨利地产品牌源于欧洲,主体标志图形为欧式古典建筑,表现了悠久的历史,文字表述完整、郑重,采用横线分隔为上下两行,选用两种不同字体,突出重点。

图4-29:星巴克的绿色徽标是一个貌似美人鱼的双尾海神形象,传达了原始与现代的双重含义。

图4-30:标志设计应当紧跟时尚潮流,在形态、结构、空间、色彩等构成上去开发设计创意,山水庭园物业标志将自然美好的图形进行变化,经过精炼、概括后,让物业管理目标变得更明确。

需要采用特定的处理方式。在标志设计过程中，必须确保其尺寸具备放大和缩小的能力，同时要注重与周边环境的色彩协调，从而使标志在各种材质的制作中都能保持清晰的辨识度（图4-33）。

4.3.4 具备时代精神

标志设计的时代精神是由社会进步赋予的。为了体现这种时代精神，标志图形和色彩应当具备鲜明的时代特征。在设计过程中，应采用简洁明了、富有创意的图案造型，易于被人们理解、接受和识别。此外，应尽量避免涉及时间性和局限性较强的元素，以确保设计经得起时间的考验（图4-34）。

图4-31：单色剪影标志形体简单，方便印刷、喷绘、雕刻等加工处理，字体结构简单，表意清晰。

图4-32：标志设计不仅要满足方便加工的要求，还要适应环境需求，大型连锁企业要考虑不同地域对标志的需求。

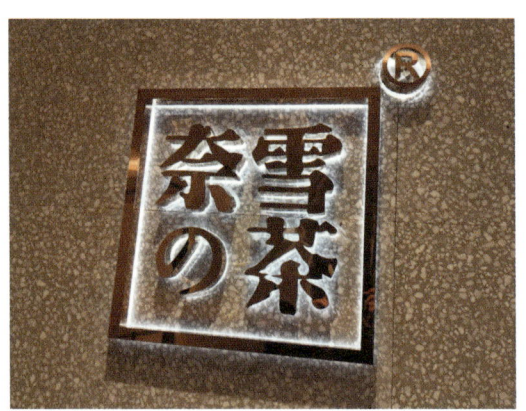

图4-31　剪影标志　　　　图4-32　适用各种环境的标志

（a）纸质包装印刷　　　（b）管材叠加平铺　　　（c）插画绘制写真

图4-33　各种材质的标志

图4-33（a）：品牌标志会应用在不同材质的商品上，如瑞幸咖啡的包装袋标志，满足容易辨识、图案适中的原则。

图4-33（b）：采用管材叠加平铺式背景衬托发光标志外轮廓，充分凸显标志主体形象，能迅速吸引顾客注意力。

图4-33（c）：采用数码插画的形式绘制广告标志，色彩简洁，整体效果美观和谐，易被顾客接受。

图4-34：百事可乐的标志从1898年到如今，一共经历了10次变革，从1898年到1940年，标志主要是以手写花体字"百事可乐"的造型出现；到1950年才出现瓶盖的造型，强化了饮料这一特征；1962年将花体字更改为等线体，是一次大的突破；1973年，将1950年的瓶盖造型改为圆形，简化造型并增加方形背景，使得标志造型更加突出，视觉效果简单、有力；在最后一次标志变革中，将标志性的微笑上扬，又一次改变了百事可乐的标志造型。在这10次变革中，标志设计迎合时代发展潮流，不断更新，改变了标志的字体、造型、色彩，加入了更多的时代元素，体现出百事可乐的时代精神与自身特色。

图4-34　百事可乐标志更新

4.4　标志设计案例解析

标志设计的核心在于对视觉元素的归纳和审美表达。为了实现这一目标，设计师需要在简化图形等视觉元素的同时确保标志设计的美感。为此，对标志设计的各个元素进行深入分析，并在此基础上进行组合和变化，是实现优秀标志设计的关键步骤（图4-35～图4-38）。

运用常见工具来表现工程施工标志。

黄色与黑色的视觉对比最强烈，既有明暗对比，又有色相对比，是警示标志设计的首选。

借助简短的文字来辅助说明，字母全部大写，带短饰线的字体具有一定装饰效果，但不影响快速识读。

图4-35　施工维修警示标志（WAYFINDING CONSULTORES）

（a）门头招牌　　　　（b）背景墙　　　　（c）建筑外墙　　　　（d）侧挂灯箱

图4-36　商业机构标志设计

图4-36（a）：门头招牌采用深蓝色背景，衬托白色标志图样，清晰表现出图形与文字信息。根据标志应用的位置，对标志的具体图形和文字比例进行调整，使其更适合构图需要。

图4-36（b）：石材背景装饰墙衬托出标志的细腻感，标志安装在竖向墙面高处，与底部花卉形成呼应。

图4-36（c）：建筑外墙标志形体搭配蓝色，与外墙玻璃色彩形成呼应，富有现代商业气息。

图4-36（d）：侧挂灯箱安装在建筑结构侧部悬空处，将标志面向道路通行方向，扩大标志的识别范围。

图4-37（a）：残疾人卫生间标志突出轮椅，信息识别度高。

图4-37（b）：卫生间男性与女性的区分在服装款型上有明确体现。

图4-37（c）：茶水间标志在功能方面表意完整，将能提供的服务全部展示出来。

图4-37（d）：咖啡间标志主要通过咖啡特有的容器造型来表意。

图4-37（e）：不断简化具象图形，使之变为抽象图形，搭配简要文字辅助说明，是公共向导标志设计的通用原则。

对图形进行提炼概括，形成简明的标志。

标志所占据底板面积与镂空面积形成黄金分割对比，同时方便安装。

内凹造型表现出水池形态，与标志图形具有相互衬托的效果。

侧挂标牌分为正反两面，平整与内凹表示入口的方向。

（a）残疾人卫生间　　（b）卫生间　　（c）茶水间　　（d）咖啡间

    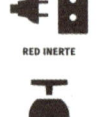  

（e）公共向导标志设计一览

图4-37　司法机构标志设计

图4-38（a）：绘制圆环边框与外凸图形，将图形环绕在圆环边框外围。

图4-38（b）：绘制内部圆形并填充为墨绿色。

图4-38（c）：复制圆形并缩小后，填充土黄色，土黄色与墨绿色形成一定明度对比。

图4-38（d）：继续绘制圆环，在中央绘制星形，呈放射状，表现出咖啡的裱花造型。

图4-38（e）：输入文字并将文字环绕在圆环上部。

图4-38（f）：绘制咖啡杯、碟等主体图形，调整好大小与位置。

图4-38（g）：绘制矩形并填充为墨绿色，被咖啡杯、碟等主体图形压在后部。

图4-38（h）：给墨绿色矩形内部增加装饰边框，增加复古气息。

图4-38（i）：输入文字，选择合适的字体，对文字进行少许变形处理，使整体格调具有古典气息。

图4-38（j）：增加文字投影，让文字具有一定体积感，显得庄重、具有历史感。

（a）绘制外边框　　（b）绘制内部圆形　　（c）复制圆形

（d）绘制圆环与星形　　（e）输入文字　　（f）绘制主体图形

（g）绘制矩形色块　　（h）增加装饰边框

（i）设计主题文字　　（j）增加文字投影

图4-38　标志设计过程（王宇）

本章小结

标志以单纯、显著、易识别的物象、图形或文字符号为直观语言，不仅用于表示或指代特定事物，还具备传达意义、引发情感及指导行为等多重功能。文字元素与图形元素的运用在设计领域中尤为常见，随着我国商业发展水平的提高，汉字、拉丁文字及阿拉伯数字在标志设计中的应用日益普及。色彩作为艺术设计的精髓，在标志设计中起到凸显标志形象特质，强化其视觉冲击力、辨识度及记忆度等关键作用。

课后练习

1. 什么是标志？
2. 分析中国标志与国外标志有何不同？
3. 简要分析标志设计的发展趋势，举例说明。
4. 标志设计的原则有哪些？
5. 标志设计应当如何准确定位，才能满足消费者需求？
6. 分析标志设计中色彩的重要性。
7. 请讨论标志设计如何顺应时代发展的潮流，永葆活力。
8. 标志在具备时代精神的前提下，如何将传统特色设计与时代元素相融合？
9. 如何在标志设计中合理运用三大设计元素，核心点在哪里？
10. 设计一组公益标志，突出保护环境、绿色环保的概念。
11. 了解中华人民共和国国徽的设计历程，分析国徽中各项图案元素的深层含义。

第5章
版式设计

识读难度：★★★☆☆
重点概念：版面风格、插图、印刷、书籍装帧

◢ 章节导读

版式设计是视觉传达信息的重要载体，能将画面组织成一个既丰富又完整的视觉整体，做到直观动人、简明易读、主次分明。版式设计是将所有内容安排至版面中，调整各元素布局，使页面结构清晰、视觉平衡，给阅读者舒适、易读的感受（图5-1）。

图5-1：版式设计作为现代出版业的重要组成部分，既是一种艺术创作，也是一种技术创新。优秀的版式设计要使画面内的各项元素协调有序地呈现在观众面前，在注重形式感的同时也要兼顾风格上的创新，体现时尚感与高级感。

图5-1 版式设计

5.1 版式设计概述

5.1.1 版式设计概念

版式设计（或称为排版设计）是指在预设的版面中，将文字、图像、图标、颜色等元素进行有序和协调的排列，以实现特定的信息传达和视觉效果的设计过程。它涉及结构布局的确定，以实现视觉的平衡与和谐，同时通过不同字体、大小、颜色和间距来创建信息的层次，使重要内容更加突出并便

（a）镂空设计　　　　　　　　　　　　　　　（b）图形设计

图5-2　产品图册版式设计

图5-2（a）：左侧黑色文字辅以几何图形进行表达，右侧通过对肌理装饰图片的有序排列做出镂空设计造型，整幅版面精致优雅，能为观众带来审美的愉悦感受。

图5-2（b）：文字构成占据着画面中心位置，成为主要设计对象。版面上加入图形这一富于变化的视觉要素，装饰效果大大增强，使得主题鲜明突出，一目了然。

于阅读。此外，设计师需选择适合的字体、字重和行距，以确保文本的可读性，同时运用色彩、形状和图形元素增强视觉吸引力，使设计既实用又美观。版式设计旨在有效传达特定的信息或情感，使观众在第一时间获取所需内容。它广泛应用于书籍、杂志、广告、网页、海报等各种媒体（图5-2）。

5.1.2　版式设计风格

1. 古典版式设计

古典版式设计以订口为轴心，以左右页对称的形式呈现。内文的字距、行距、图片都遵循统一尺寸标准，以保持文章的整洁与美观；天头、地脚、内外白边均按统一比例留出，形成充满韵味的留白区域（图5-3）。

2. 自由版式设计

自由版式中的设计元素可自由组合排列，具有自由、活泼的特性，给读者无限广阔的想象空间，让读者在阅读过程中对作品产生期待感，充分体验到阅读的乐趣（图5-4）。

图5-3　古典版式设计

图5-3：文字油墨深浅与嵌入图片的黑白关系有严格的对应标准，编排形式严谨，适用于工具书、教科书。

3. 网格版式设计

网格版式设计是指将版心平均划分为若干个部分，每个部分都有固定的尺寸和位置。例如将版心分为一栏、二栏、三栏等，每栏尺寸相同，文字和图片都按照栏位排列，形成整齐的布局。这种设计可以使文章更加易读，同时也能够强化文章的重点和亮点，提升读者的阅读体验（图5-5）。

图5-4 自由版式设计

图5-4：自由版式设计不受任何限制，可以自由安排、布局，适用于杂志、休闲读物。

（a）图片网格排列

（b）文字分栏排列

图5-5 网格版式设计

图5-5（a）：图片网格排列的版式设计分为正方形、长方形等形式，可以根据书籍、杂志类型来选择不同的网格形式，设计重视比例与秩序感。

图5-5（b）：文字分栏排列的版式设计分为重叠、栏宽网格等形式，能够形成较强的整体感，便于观看阅读。

5.2 版式设计方法

5.2.1 文字版面

以文字为主的版面多采用通栏或多栏形式，这种形式能够灵活处理图片与文字的关系（图5-6）。

5.2.2 插图版面

以插图为主的版面设计需要确保插图的形象统一，可以通过选择与文章主题相符的插图风格和颜色来实现,整个版式设计的节奏也非常重要,要使版面更加生动有趣。在画册、杂志、摄影集等类型的设计中,版面利用率普遍较低,需要合理安排每一张插图的位置和大小,确保它们不会过于拥挤或过于分散,还要考虑好编排结构,使整个版面更有层次感(图5-7)。

5.2.3 单页插图版面

单页插图版面的设计占据版心的整个面积,这种设计模式适用于那些包含文艺作品、历史文档的出版物以及教科书。版面布局上,需要特别注意图与图之间的空间分配,避免出现过于拥挤或稀疏的情况,从而保持整体设计的节奏感。此外,装订工艺也是设计时需考虑的重要因素之一。设计者必须确保画面主题不会被装订线遮挡或破坏,这要求设计时对装订的位置和方式有精准的预判和规划(图5-8)。

5.2.4 图文混合版面

图文混合版面中,插图位置造成的影响较大,设计时必须细心考虑文字和图片之间的相互关系。设计者应通过调整字体的大小、颜色以及位置,实现图文的有机结合,以便于读者能够很好地理解信息。文字描述和图像应该被恰当地布局在相邻的页面或者同一页面上,以确保视觉上的流畅性和统一性(图5-9)。

图5-6:文字与文字之间的分隔形式要有所区别,即使插图很少或没有,也能让整个版面充满设计感。

图5-7:图片旁需搭配少量文字,文字底色与图片色调要有所区分,同时还要考虑文字与图片的统一性。

图5-6 文字版面

图5-7 插图版面

图5-8:展开版面时一面是文字,一面是插图,整个版面50%面积为文字,版面插图的大小与位置均按版心统一编排,以视觉舒适、空间搭配合理为佳。

图5-9:图文混合版面要求统一分布画面,图片是视觉欣赏的焦点,文字作为补充说明,需均衡两者的展示效果。

图5-8 单页插图版面

图5-9 图文混合版面

5.3 版式设计原则

5.3.1 图文统一

图文统一是版式设计的关键，有助于准确传达版式内容主题。设计时需要根据图形与文字数量来排版，运用新颖的排版形式组合，各种图片与不同字体应当契合于各自的风格，以适应不同的版面需求（图5-10）。

5.3.2 主次分明

版式设计要求主次分明，重点突出，通过放大主体形象来有效突出主题思想。这样的设计能够引导读者视线，增进读者对版面的理解，并提高阅读效率（图5-11）。

5.3.3 动静结合

版式设计如果过度强调动感，可能出现画面层次不明的状况，让读者感到迷惑；相反，如果设计过度追求静感，又可能陷入僵硬和缺乏活力的困境。理想的版式设计应该巧妙地将动与静相结合，二者形成对比贯穿整个画面，以此产生强烈的视觉冲击，充分展现出设计的创意和美感（图5-12）。

图5-10 图文统一的版面

图5-10：以文字分栏、群组、分离、色彩组合、重叠等变化来形成美感，从而达到统一的原则。

图5-11 主次分明的版面　　图5-12 动静结合的版面

图5-11：在版面设计中抓住主要部分，突出说明，如在位置、大小、色彩方面进行突出，能使整个版式设计具有节奏感与秩序感。

图5-12：行走的人物为动态版面，造型别致的建筑为静止版面，当两种旋律出现在同一个版面中，就可以形成动静结合的版面设计。

5.3.4 视线流畅

好的版式设计能够引导阅读者的视线合理转移，通过对视觉元素的有序安排来增强版面传达信息的效率，从而在视觉和心理层面创造出一种流畅的阅读体验。在构图过程中，视觉元素的分布、尺寸、对比度以及空间关系等都是需要仔细考虑的因素。这些元素的合理配置可以有效地指导视线流程，有助于阅读者在接收信息时形成连贯的认知，对整体理解版面中的图文内容起到关键性作用（图5-13）。

图5-13　视线流畅的版面

图5-13：如果在阅读时没有产生视线上的阻碍，传达信息就会非常迅速，图片、内容流畅能顺应人的阅读习惯。

5.4　印刷与工艺

5.4.1　印刷工艺

印刷可以分为图文部分与非图文部分，印版结构分为版基、结合层与感光层。不同的印刷工艺技术，其图文部分与非图文部分的组成结构也不同（表5-1）。

5.4.2　印刷品分类

印刷品按用途主要分为报纸印刷、书刊印刷、广告印刷、包装印刷、地图印刷、文具印刷、钞券印刷、特种印刷等种类（表5-2）。

表5-1　　　　　　　　　　　　　印刷类型与工艺

类型	印刷工艺
平版印刷	印刷图像与印刷版位于同一平面上，通过机械或手工对该表面进行化学处理，使图像部分吸墨，其他空白部分不吸墨，只有吸墨图像才能转移到承印物上
孔版印刷	通过一定压力使油墨通过孔版的孔眼转移到承印物上
凸版印刷	将油墨涂在字模表面，再压印到纸张上，字模表面的油墨就转移到承印物表面
凹版印刷	通过手工或机械雕刻将线划刻去，使印刷版形成一个凹下去的文字或图形，印刷时，先将线划或凹槽用油墨填充，再将承印物压在其上将油墨带走

表5-2　　　　　　　　　　　　　　印刷品按用途分类

类型	内容	图例
报纸印刷	以报纸等媒介为主，使用平版印刷或柔性版印刷	
书刊印刷	以书籍、期刊等为主，是目前印刷量最大的印刷类型，主要使用平版印刷	
广告印刷	印刷范围较广，包括商品样本、画报、海报、招贴画、彩色图片、广告牌等，印刷时间短，印刷质量好，主要使用平版印刷，大幅面广告牌多采用丝网印刷	
包装印刷	成品主要用于商品包装，除了装载、保护、美化商品外，还能起到营销作用，印刷产品种类繁多，如纸盒、金属盒、塑料袋、陶瓷、玻璃、皮革等	
地图印刷	成品有地形图、航测图、地矿图、交通图、军事用图等，图面复杂，幅面大小不一，精度要求高，主要采用多块印版套印的平版印刷	

续表

类型	内容	图例
文具印刷	主要为信封、信纸、请帖、名片、账册、作业簿本等，成本低廉、大量印刷，但是品质较次，主要采用凸版印刷	
钞券印刷	主要为钞票、支票、股票、债券等有价证券，对防伪有很高的要求，以凹版印刷为主，平版、凸版等其他印刷方法为辅	
特种印刷	采用特种媒介材料与工艺，供特殊用途，如全息照相印刷、静电植绒、喷墨印刷、表格印刷等	

― 补充要点 ―

单色印刷、双色印刷、多色印刷

1. 单色印刷：只在承印物上印刷一种墨色（图5-14）。
2. 双色印刷：只在承印物上印刷两种墨色（图5-15）。

图5-14：单色印刷的书籍封面通常采用简洁的线条、形状和字体来表达书籍的主题和内涵，以其简约、大气、深邃的特点，使读者感受到一种宁静、深远的文化氛围。

图5-15：双色印刷的书籍封面样式较为复古，为了弥补不够丰富的印刷色彩，封面空白处通常采用精致的图案花纹来进行装饰。

图5-14 单色印刷　　图5-15 双色印刷

3. 多色印刷：只在承印物上印刷两种或两种以上的墨色。一般指利用黄（Y）、品红（M）、青（C）和黑（B）4种油墨叠印，再现出原稿颜色。对于专色的印刷品，如票据、地图等，则需要调配出特定的专色油墨进行印刷（图5-16）。

图5-16　多色印刷

图5-16：多色印刷的书籍封面通常采用鲜艳的颜色与充满创意的图案，时尚而富有趣味，能够充分吸引读者注意力并激发阅读兴趣。

5.5　书籍装帧设计

5.5.1　书籍装帧设计原则

1. 整体性原则

书籍装帧设计是从书籍性质、内容出发，通过对设计的巧妙运用，实现书籍艺术与意识形态的融合。优秀的书籍装帧设计应当注重对书籍的整体认知，各设计要素要有较强的关联性，让读者可以连续流畅的状态阅读，这样不仅能够提升书籍的美观度，还能够提升读者的阅读体验，使书籍的价值得到最大化体现（图5-17）。

2. 独特性原则

书籍的版面形式根据内容来确定个性，书籍的独特性原则应该得到彰显，这不仅需要紧密联系书籍的内容，还应当注重时代背景的融入，确保书籍的视觉效果能够与阅读者的审美观念和当下的文化趋势相契合（图5-18）。

3. 趣味性原则

趣味性设计主要运用幽默与轻松的手法来表现书籍装帧的艺术特色。这种设计着重于通过艺术化的书籍外观来激发读者的兴趣和阅读的渴望，在很大程度

图5-17：书籍装帧各环节应成为一个整体，从整体观念去考虑、处理每一个设计环节，即使是装饰符号、页码图形也不例外。

图5-18：将新的设计思想与社会观念融合起来，使书籍作品具有独一无二的风格。

图5-17　整体性原则

图5-18　独特性原则

上已经超越了图书固有的信息内涵，成为一种吸引读者注意、促进阅读互动的独特方式（图5-19）。

4. 艺术性原则

书籍装帧设计融合了绘画、摄影、书法以及篆刻等多种艺术形式，通过精心选择的文字、图形以及色彩的搭配，展现出书籍装帧的艺术魅力和文化价值（图5-20）。

5.5.2 书籍插图

书籍中的插图能够辅助表述，使得原本难以捉摸的文字内容变得形象化、具体化。插图、图表、照片等视觉元素不仅丰富了阅读体验，而且为读者提供了另一维度的信息接收方式（图5-21）。

1. 人物形象

以人物为题材的插图，能够有效地促进与读者之间的情感互动，旨在缩短与读者之间的心理距离，从而达到良好的沟通效果（图5-22）。

2. 动物形象

在书籍中融入动物插图，利用拟人化设计手法，给动物赋予人类独有的笑容和动作，使其形象更有亲切感。此外，也可运用夸张的变形手法，将动物形象塑造为独具特色、充满搞怪风格的卡通形象（图5-23）。

3. 商品形象

商品形象插图主要用于产品类书籍，为企业或产品传递商品信息。其中，色彩的运用和形态的把握起到至关重要的作用。它们不仅提供了商品的核心信息，而且增强了消费者对商品的直观感受，显著提升了宣传效果。这种插图通常用于产品类书籍之中，目的是更有效地向公众展现企业或产品的特质（图5-24）。

图5-19：立体书籍装帧设计，能够增强书籍的趣味性，对儿童读者具有更强吸引力。

图5-20：用艺术设计魅力为书籍增添异彩，读者在阅读内容的同时也得到美的享受。

图5-19 趣味性原则

图5-20 艺术性原则

图5-21：插图能够以直观的方式促进文字信息的吸收和理解，在书籍中不仅仅是装饰性的存在，更是一种重要的工具。适当地使用插图，是提升传达效果、扩展认知边界的重要手段。

图5-22：夸张变形能够使读者发笑，让读者产生好感，整体形象更明朗，给人印象更深。

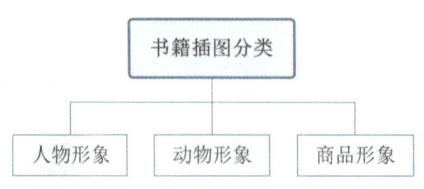

图5-21 书籍插图的类型

图5-22 人物形象

5.5.3 插图表现形式

1. 具象插图

具象插图是书籍的视觉呈现的一种重要手段，它包括摄影、绘画等表现手法。这种类型的插图以其高度的真实性和情感表达力深入阐述书籍的核心主题，使读者在阅读过程中能够更全面地理解和感受作品的主旨。具象插图作为书籍艺术的一部分，其目的在于通过具体的图像描绘，强化文本信息的传达效果（图5-25）。

2. 卡通插图

卡通插图在书籍中，具有轻松、趣味和幽默等特点，这些特质有助于拉近读者与内容的距离。在书籍中运用卡通插图，能够吸引读者的注意力，起到增强阅读兴趣的作用（图5-26）。

3. 抽象插图

抽象插图利用简化的图形和夸张的表现技巧，结合明亮的色彩运用，旨在通过视觉上的冲击力，揭示书籍所要传达的核心概念和深层意义。这种插图设计强调对事物本质的提炼和表现，减少不必要的细节，强调关键元素，从而使观众能够迅速捕捉到信息的精髓（图5-27）。

图5-23：将动物形象插画运用到书籍中，通过拟人化的设计手法，让动物看起来具有人的感情流露。

图5-24：在商品宣传图册中，主要利用商品插图来展示商品特征，让商品更具有吸引力，比纯文字的宣传方式更好。

图5-23　动物形象

图5-24　商品形象

图5-25　具象插图

图5-26　卡通插图

图5-27　抽象插图

图5-25：具象插图善于运用色彩情感来打动读者，视觉效果真实，在书籍插图中应用广泛。

图5-26：卡通插图具有自由的个性，无论是幻想、夸张、幽默，还是象征化情绪，都能自由表现。

图5-27：抽象插图的视觉效果惊艳，能给读者带来更多想象空间。

补充要点

插图形式

1. 固定插图：插图比例、大小、尺寸、位置相同，多用于传统风格版式设计，如上图下文、黑白统一（图5-28）。

2. 独幅插图：在书籍对开页中，一面为插图独占一版，另一面空白或编排文字。视觉舒适、空间搭配合理（图5-29）。

3. 文中插图：插图与文字同时用于版面中，文字受版心限制，文字段落长短以插图轮廓长宽确定（图5-30）。

（a）中央水平固定　　　　　　　　　　　（b）黄金分割固定

图5-28　固定插图

图5-28（a）：在页面的中央水平处添加装饰图案元素，简洁而富有趣味性。

图5-28（b）：采用黄金比例将书籍页面分割成固定的上下两部分，精致规整，体现较强的形式美感。

图5-29　独幅插图　　　　　　　　　　　图5-30　文中插图

图5-29：一面为独幅插图，另一面编排少量文字，给人以舒适的视觉体验。

图5-30：插图与文字同时用于版面中，分布均匀，协调感较强，有效地传达信息。

5.6 版式设计案例解析

版式设计的核心是版面中的主要内容，版面中主要内容的布局以及图文比例的和谐搭配是设计关键，合理利用黄金分割比例来组织版面布局，对不同层级的文字进行优化处理，能够使视觉元素的主次关系更加清晰。下面列出几款版式设计作品，深入解析设计方法与要点（图5-31~图5-33）。

（a）封底与封面

（b）内页详情

（c）图例说明

（d）图表说明

图5-31　招商手册版式设计

图5-31（a）：封底与封面上的重要信息较多，需要放大文字标题，将重要的联系方式集中排列整齐。

图5-31（b）：内页详情文字需搭配图片同步展示，图文混合排版。

图5-31（c）：图例说明中的图片面积较小，搭配简短文字指引排列。

图5-31（d）：设计开放式图表，将同类文字信息排列整齐，获得类比感较强的视觉效果。

章节首页选用图片衬托。　搭配装饰图形表现图书主题。　运用多种字体表现章节标题文字。　页眉用斜线表现条状色块分割版面。　图片采取单边左对齐的方式形成序列感。　图解文与图片保持下部对齐。　版面中的插图旁适当留白能缓解视觉疲劳。

（a）章节首页

（b）图文编排

（c）插图编排

图5-32　图书版式设计

图5-32（a）：章节首页以主要标题与大图为主，提示本章主要内容。

图5-32（b）：图文编排注意文字与图片的位置关系，文字与图片应保持紧密联系，方便识读。

图5-32（c）：插图编排注意图中诸多图面元素的对位关系，图中文字标注清晰。

（a）选择合适图片

（b）图片套入多边形中

（c）增加图片并调整色彩

图5-33　招生简章折页版式设计（万丹）

图5-33（a）：选择一张与招生简章相关的图片，象征这个城市未来美好的生活与工作环境。

图5-33（b）：将图片置入六边形中，并对图形进行修饰。

图5-33（c）：在主图左侧增加配图，并覆盖黄色半透明色块，增加装饰线条。

(d)增加几何图形修饰

(e)输入文字

标题左侧设计矩形色块,凸显标题。

文字段落之间的间距保持统一。

对三折页要有明显区分,适度留白。

正面配置少量文字,以图片、标题、联系方式为主。

反面主要描述信息内容,三个页面的设计形式均不同。

反面的图片页位于三折页中央,对左右页面文字形成分割,同时缓解阅读疲劳。

(f)增加交通地图

(g)增加其他图文信息

图5-33 招生简章折页版式设计(万丹)(续)

图5-33(d):在主图上覆盖六边形并形成局部叠加透明效果,为主题文字提供良好的界面。

图5-33(e):输入主要文字,分级别对文字大小进行调试,其中"招生简章"的蓝色与底图蓝色相呼应。

图5-33(f):增加交通地图,设计分割装饰线,形成折页效果。

图5-33(g):根据设计要求,将多种文字、图片信息排列到版面上,强调字体大小与位置关系。

本章小结

版式设计是在有限版面内对各类元素进行统一编排，对图片、图形和文字进行有序的布局，以确保信息的有效传递和视觉上的美观性。不同的编排方式能够产生不同的视觉效果，在设计中要注意文字的字体、字距、分栏等因素，同时要留心版面插图与色彩搭配等要素。本章从设计的角度，对版式设计基本定义和常用方法进行了概述，深入分析其中核心内容，最后列出设计案例，解析在进行版式设计时需注重的细节。

课后练习

1. 版式设计的作用是什么？
2. 版式设计的形式有哪几种？
3. 不同风格的版式设计视觉效果如何？
4. 版式设计中最理想的设计形式是哪一种？
5. 请简要概述版式设计的原则。
6. 印刷工艺对版式设计的影响体现在哪里？
7. 书籍装帧设计中对版式设计有哪些要求？
8. 版式设计中如何利用文字、色彩、插图来表现出视觉效果？
9. 选用某一商品题材进行版面设计，要求形式新颖，附有设计说明。
10. 设计出一套书籍装帧效果图，包含书籍封面、扉页、版式、封底、勒口、书签等元素。
11. 上网查找中国风版式设计，思考版式设计中怎样融入中国传统优秀文化。

第6章 广告设计

识读难度：★★★☆☆
重点概念：广告设计概念、原则、传播方式、原创

章节导读

在现代商品经济的演进过程中，市场的性质正逐步从卖方主导转向买方主导，商家们致力于通过激烈的商业竞争吸引消费者以扩大其市场份额，能够在市场中占据领先地位的商家，便能够享受到金字塔顶端的丰厚成果。与此同时，广告成为一种商品信息传播的有效方式，运用广告来进行市场开发和消费者争夺，成为现代视觉传达设计的焦点之一（图6-1）。

图6-1 创意广告设计

图6-1：考拉与携带装备的旅行者结合构成画面前景，天空云朵、山川河流与近处树木共同构成画面背景，用独特构图表现优美自然风光。其目的在于体现人对大自然的探索精神，借此机会推广该品牌的望远镜产品，有助于吸引消费者注意从而开拓市场，提高产品销量和品牌知名度。

6.1 广告设计概述

6.1.1 广告设计概念

广告是通过媒介向大众公开告知信息、事物，又称为广而告之。广告主要分为公益广告与商业广告，公益广告不以营利为目的，富有感染力，旨在增强公众的道德观念和提升社会责任感，如教育、社会团体等机构的启事、声明等（图6-2）。商业广告以营利为目的，其宣传的内容通常是某种商品或

服务，富有吸引力，旨在吸引读者的注意力，促使读者购买商品或服务，如商业销售广告（图6-3）。

6.1.2 广告设计形式

1. 路牌广告

路牌广告位于街道两侧，通过喷绘艺术与写真灯箱传播品牌信息，这些广告牌通常安装在商业繁华的地段，人流量越大，广告的曝光度与影响力相应也会成倍增长。路牌广告多以图文形式出现，画面往往色彩鲜明，对比强烈，能在第一时间吸引路人的目光（图6-4）。

2. 霓虹灯广告

霓虹灯广告是一种以霓虹灯为主要材料制成的广告形式，常固定于镀锌钢板或钢架结构之上，并搭配外部装饰框架，既可悬挂于室内，也可用于室外或橱窗展示。其特点在于光线明亮、连贯，不仅在日常光线下可作为广告牌使用，夜幕降临时更可成为城市夜景的点缀（图6-5）。

3. 车身广告

车身广告以车辆等交通工具为传播媒介，具有强烈的流动性。广告画面视觉冲击力强，不仅传播范围广泛，而且能产生持久影响力。相较于其他广告媒体，车身广告的受众更为广泛，几乎涵盖了各

图6-2：以保护环境、爱护动物的角度，给公众传达信息，主要目的在于推广知识，改善环境。

图6-3：商品企业利用广告优势，将商品精心包装，通过广告让更多读者知晓，目的在于增加商品销售额。

图6-2 公益广告

图6-3 商业广告

图6-4 路牌广告

图6-5 霓虹灯广告

图6-4：路牌广告画面醒目逼真，立体感强，再现了商品魅力，有利于树立良好的品牌形象，张贴调换方便。

图6-5：霓虹灯广告在夜晚具有光彩夺目的效果，现代霓虹灯不再采用气体发光灯管，而是采用LED灯带，光色效果更稳定，只是仍然习惯称之为霓虹灯。

种年龄、职业和收入层次的人群（图6-6）。

4. 灯箱广告

灯箱广告是一种利用灯光照射透光材料（如玻璃、有机玻璃板、写真纸和喷绘布等），进行视觉传达，形成内部发光的广告形式。这种广告以其优雅的外观和简洁的画面而得到广泛的应用，特别是在各种公共场所，能形成显著的视觉效果。通常用于展示各种信息，包括商业宣传、品牌推广和公共服务等（图6-7）。

6.1.3 广告的功能

1. 准确表达信息

广告的核心功能是传播商品或服务信息，必须具备明确的指向性，对文字、色彩、图形设计元素的综合运用确保信息的精准传达。受众在接收广告信息时会因个人经验、文化背景及情感状态的差异，产生不同的心理认知。因此在设计广告时必须深入考虑广告内容在各个层面的表达方式，以确保有效传达信息，避免引起公众的误解或质疑（图6-8）。

2. 树立品牌形象

企业声誉和品牌形象在塑造消费者对企业和其产品的感知方面起着决定性作用。如平面广告中的报纸广告、杂志广告等媒介的受众广、发行量大，可信度高且具有很强的品牌塑造能力（图6-9）。

3. 引导消费行为

广告能够传递商品或服务的详细信息，消除消费者可能存在的疑虑，并激励他们采取购买行动。

图6-6：公交车往返于城市主要街道，车身广告被公众看到的概率非常大，能够吸引大众目光。

图6-7：灯箱广告美观性很高，可以根据商家的经营特色来量身定制，柔和的灯光效果与特殊造型，在黑夜中十分显眼。

图6-6 公交车广告

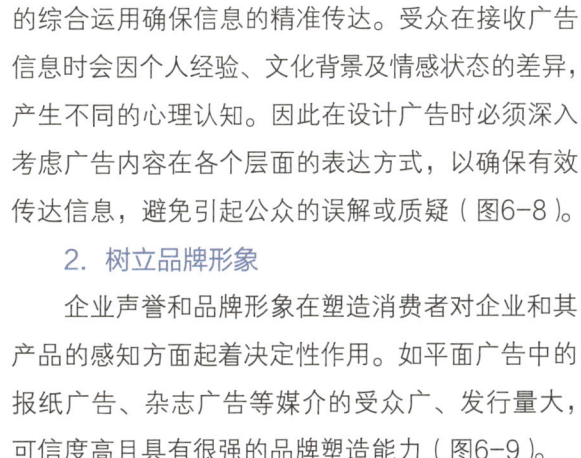

图6-7 灯箱广告

图6-8：咖啡厅的广告，主要表现咖啡豆制作的立体杯子，这种视觉核心能让消费者一目了然，大家都明白这是与咖啡有关的商业广告。

图6-9：杂志广告具有大量的品牌粉丝，在新品上市时，杂志广告具有良好的消费引导作用。

图6-8 平面广告

图6-9 杂志广告

通过精心设计的广告，企业能够与潜在客户建立联系，并促使消费者对特定的产品或品牌产生兴趣（图6-10）。

4. 满足消费者需求

广告设计是一种独特的生活审美创造，通过运用夸张、联想和比喻等手法，对视觉元素进行精致优化，从而提升感染力，使其能够在视觉上满足消费者对于美好事物的渴望，进而让其在无意识中接受广告引导（图6-11）。

图6-10 引导性广告

图6-11 夸张广告

图6-10：通过对广告的动态效果展示，配合能打动人心的广告语言，引导消费。
图6-11：通过夸张、幽默的创意手法，将商品功能体现出来，给予消费者更多想象空间。

6.2 广告设计原则

在当代广告设计领域，创新元素的融入和平衡市场需求成为设计师面临的核心挑战。为了吸引消费者的注意力并满足商家的期望，设计师需打破传统框架，追求创新的视觉表现。同时，广告作品还应当从市场竞争角度考虑，确保设计方案能够适应不断变化的消费环境。

6.2.1 关联性

广告设计是连接消费者与产品之间的桥梁。为实现有效的广告宣传，设计者应当深入挖掘消费者的需求，巧妙地整合产品特点与消费者的兴趣，创造出既有吸引力又具说服力的广告内容。好的设计将消费者的潜在需求转化为明确的消费动机，进而实现广告在潜意识层面上的影响，促使消费者在多样化的选择中倾向于购买特定产品（图6-12）。

6.2.2 原创性

广告设计的原创性在于设计个性，塑造鲜明的品牌个性能让品牌或产品从众多竞争者中脱颖而出。设计者应当在探索和扩展个人创造力的过程中，致力于为每一则广告作品注入新颖的构思及独特的表现手法（图6-13）。

6.2.3 真实性

真实性是广告设计最基本的原则。《中华人民共和国广告法》规定："广告应该真实合法，符合社会主义精神文明建设的要求""广告不得含有虚假的内容，不得欺骗和误导消费者"，可见广告真实的重要性。若广告内容失实将严重损害消费者对产品和服务的信任，破坏市场秩序（图6-14）。

6.2.4 创新性

创新性要求设计者具备卓越的创造力，更要在传统框架之上进行革新。广告设计的创新要求不仅仅体现在产品形象独特的造型设计以及图案与色彩搭配上，更意味着对现有广告模式的根本性颠覆。这种创新过程，不仅能够加深消费者对产品与服务的记忆，更是提升品牌竞争力的重要手段（图6-15）。

图6-12：关联性广告主要表现出商品与图片之间的关联，超甜的甜甜圈吃完了会觉得很腻，这时候一瓶清爽解腻的饮料让人身心舒畅。

图6-13：宠物清洁原创广告告别了传统广告直接给动物洗澡的观念，通过清洁等同于脱皮的概念，来彰显该清洁用品的清洗效果，十分动人。

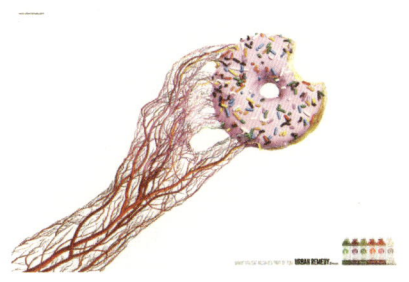

图6-12 关联性广告

图6-13 原创性广告

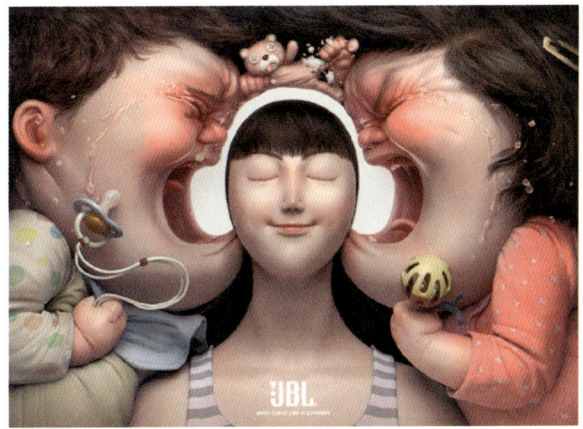

图6-14 真实性耳机广告

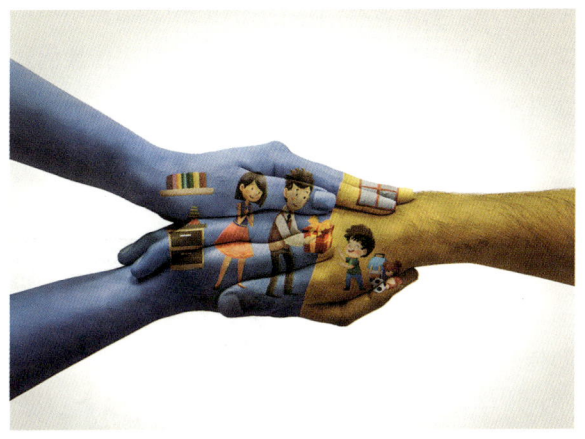

图6-15 创新性广告

图6-14：广告所表达的内容应当与产品或服务相一致，广告的感性形象必须真实，可以对广告的视觉形象进行夸张处理，但是表意要与所宣传的产品或服务形象一致。

图6-15：创造出与众不同且富有个性的视觉形象，通过手部图画来增强广告故事情节的吸引力，能在消费者脑海中留下深刻的印象。

补充要点

广告3I标准

1. 冲击力（Impact）：成功的广告在画面上应该有特别强的视觉冲击力，合理搭配色彩，准确选配图片。

2. 内容（Information）：广告内容要能融合消费者的需求点、利益点，内容是广告设计视觉传达的主体。

3. 形象（Image）：广告设计画面中的主体形象应当经过严格筛选、提炼，使之符合稳定、统一的品牌定位策略。

6.3 广告传播媒介

6.3.1 网络广告

在当今数字化时代，网络广告作为一种新兴的广告形式日益成为主流。它主要依托网站作为投放平台，以网页广告横幅、文本链接、视频多媒体等形式展现。通过互联网这一载体，广告信息能够迅速传递至广大终端用户，从而实现了广告传播的快速性和传达效果的高效性，成为现代广告主的热门选择（图6-16）。

网络广告的视觉表现手法多样，包括以图像为主的网幅广告、跟随页面滚动的悬浮广告以及提供网页的链接广告等。网幅广告常置于网页的显眼位置如顶部或中央上方，展示动态或静态的推广内容。悬浮广告不会被其他页面遮挡，在网页上可以随意移动，多为小型图文组合。链接广告通常包含简短的文字或配图，用户点击后可跳转至相关的广告页面，这类广告因其高效的信息传递能力和使用户能够主动参与的特性而受到广告商家的青睐（图6-17）。

图6-16（a）：可爱的卡通外套搭配生猛动物形象，形成鲜明对比，通过高饱和色彩的广告图片表现出来，增强了产品趣味性。

图6-16（b）：卡通造型的松鼠外套下是一只身材庞大的狗熊，通过高明度的色彩氛围来凸显这种矛盾感，能够给读者留下较深的印象。

（a）高饱和度色彩显示　　　　　（b）高明度色彩显示

图6-16　网络广告

悬浮广告
网幅广告
链接广告

图6-17 网络广告形式

6.3.2 手机广告

手机广告是以移动通信工具为传播媒体的广告，是一种互动式的网络广告，能够将信息直接传递到用户的掌中，其覆盖面之广是其他媒体难以比拟的（图6-18）。

1. 横幅广告

横幅广告通常在移动应用程序的用户界面顶部或底部以条状形式呈现，这类广告可能包含静态图像或文字链接用以展示广告内容。也可能采用多帧组合成的GIF格式，实现动态效果（图6-19）。

2. 公告

公告位于电商类或社区类手机APP首页，采用滚动播放，是吸引用户注意力的有效工具。这种设计不仅避免了广告位的占用，而且以多样的形式使得点击率显著提高，同时减少了误点击的可能性，从而为用户提供了更为流畅便捷的体验。此外，这种公告形式也非常节省公众的流量资源（图6-20）。

3. 插屏

插屏广告作为一种常见的推广形式，融合了自

图6-18 手机广告

图6-18：手机广告具有强大的传播力，具有随时随地观看的便利性，在广告媒介中，其覆盖人群最广，传播成本比较低廉，能将人们零碎时间利用起来，并且能快捷地传播信息。

动适配与高效缓存机制，使得用户在接触广告时拥有了选择是否点击或忽略的自由，在一定程度上规避了传统广告的强制性观看缺陷。然而，这种广告模式并非无懈可击，用户浏览界面时插屏广告突兀地介入，可能会打断用户的初始观看意向，带来不和谐的观感体验（图6-21）。

4. 全屏

全屏广告以全屏播放的形式出现3~5秒，一般以静态图像、动画或视频的形式呈现，观众可以选择跳过广告或点击全屏广告继续观看并进入详细的广告页面（图6-22）。

5. 富媒体广告

富媒体广告是网络广告的多元化表现形式之一，融合动画、声音、视频及文字信息等多种元素，通过专业的网页设计软件制作而成。它们在各种网络平台上得到广泛应用，包括网站构建、电子邮件营销以及弹窗和插播式广告等形式。这种类型的广告以其集成音频、视频和文字内容的复合形式，带给观众丰富的互动性视觉体验（图6-23）。

6. 移动视频广告

移动视频广告是指在移动终端设备中播放的视频广告，可分为贴片广告与角标广告两大类。贴片广告是在视频播放之前强制观看的推广订阅，会员有权选择关闭，而非会员用户则必须等待广告播放完毕后才能继续观看视频内容。角标广告是视频播放区域旁边附带的一个半透明广告条，用户可以自主选择关闭或保持状态，其特点在于具有动态视觉影像，进而能够吸引观众的注意力（图6-24）。

7. 信息流广告

信息流广告是一种融合社交媒体用户信息流和资讯媒体内容更新的广告形式，采用算法的推荐机制对用户的阅读喜好进行智能分析，通过标签进行定向精准投放，进而推送与用户兴趣相投的广告内容（图6-25）。

图6-19 横幅广告

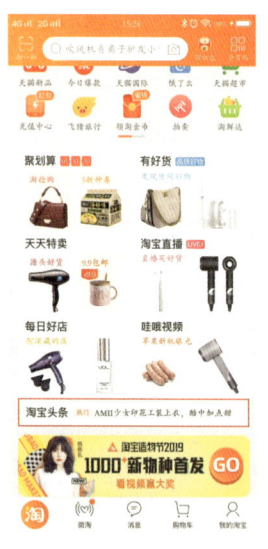
图6-20 公告

图6-21 插屏

图6-22 全屏

图6-19：横幅广告具有滚动效果，丰富多变的广告封面较为吸睛，让人选择是否点击进入。

图6-20：公告所占面积小，不会对正常浏览产生太大影响，设计较为人性化。

图6-21：插屏广告图像只占据屏幕中间的小块区域，多为使用二维软件绘制的矢量图像，具有较好的视觉效果。

图6-22：全屏广告所展示的图片信息更加完整，多为写真海报或制作精美的宣传插图。

图6-23 富媒体广告

图6-23：富媒体广告是一种以文字标题与少量GIF图片为主，集成了声音、图像、文字等多媒体的媒介形式。

图6-24：在一些移动视频APP中观看影片前会有一段广告，属于强制性观看，这种广告模式会让公众反感，后期出现了会员免广告，非会员依然会被强制观看，因此这种广告形式没有精准定位。

图6-25：信息流广告常与正常的信息混在一起，不容易被识别，用户在不知不觉中将广告阅读完了，手机APP后台会统计公众经常浏览的兴趣点，主动推荐相关的广告。

图6-24 移动视频广告

图6-25 信息流广告

— 补充要点 —

其他广告类型

1. 按钮广告：按钮广告与标题广告类似，但是占据面积更小，可以在各种版面中出现，主要用来宣传商标或品牌等特定标志。

2. 浮动广告：浮动广告会随着鼠标的光标移动而出现，能吸引公众的注意力。部分网站会直接在光标后紧跟一段文字或图像，引导观众点击关注。

3. 弹出窗口广告：打开网页时，广告会迅速弹出，出现在正在浏览的页面上，但是会影响网页正常浏览。

6.3.3 电视广告

电视广告作为一种传播形式，长期以来保持着其独特的魅力。它通过融合视觉与听觉元素，有效地向消费者展示商品或服务的特质，信息传递既直接又全面，又依托于广泛的播出网络和较高的收视率，确保了信息传达的及时性和选择性。此外，电视广告的反复播放特性有助于加深观众对于广告内容的记忆（图6-26）。

1. 表现形式

电视广告具有多样的表现形式，每一则电视广告的表现内容、形式与目的都不相同，广告在影视传播前的预热效应往往十分显著。通过引入更具创意的表现手法，电视广告极大地提升了广告设计的审美价值（表6-1）。

图6-26：电视广告以轻松舒适的氛围将商品形象分散，与生硬的推销广告相比较，更能打动人心，注入了故事情节，以儿童、家庭题材为主，引起观众的共鸣。

图6-26 电视广告

表6-1　电视广告的表现形式

类型	表现形式
故事式	通过讲故事来表达商品与公众的关系，故事情节起伏能让公众产生共鸣
时间式	通过纪录片或叙事手法，向公众表达时代与商品的关系，使情节具有年代感与可信度
印证式	通过专家来讲述产品、服务的用途与优势，达到良好的口碑，广告技巧必须高明，否则让公众怀疑
示范式	通过比较或示范手法，表现产品的过人之处或独特的优点
比喻式	通过浅显易懂的比喻，引出广告商品的主题，需要认真筛选所用的比喻对象
幽默式	通过幽默风趣的语言或手法，含蓄地宣传商品的特征，使公众在轻松愉快的气氛中接受广告信息
悬念式	通过悬念来激起公众的注意力与好奇心，然后引出产品，提升公众的兴趣
解决问题式	将一个难题进行夸张并放大，再将商品介绍出来解决这个难题
名人推荐式	通过知名人士来介绍推荐商品，利用名人的聚焦力与号召力，来影响公众的消费态度
特殊效果式	在音响、画面、镜头等方面加上特殊效果，营造观看气氛，使公众在视觉方面产生全新且难忘的印象

2. 设计制作流程

电视广告设计制作流程可以细分为创意发展、内容制作和广告发布三个关键步骤。创意阶段的重点在于对广告核心理念的深入规划，确保创意构思的有效性。制作阶段是将创意构思具体化为一个可执行的视听产品，实现广告创意的视觉和听觉表达。发布阶段是在预定时间内将广告内容通过电视媒体传播出去，确保传播效率，使广告的内容和形式达到最佳匹配，以实现理想的传播效果（图6-27）。

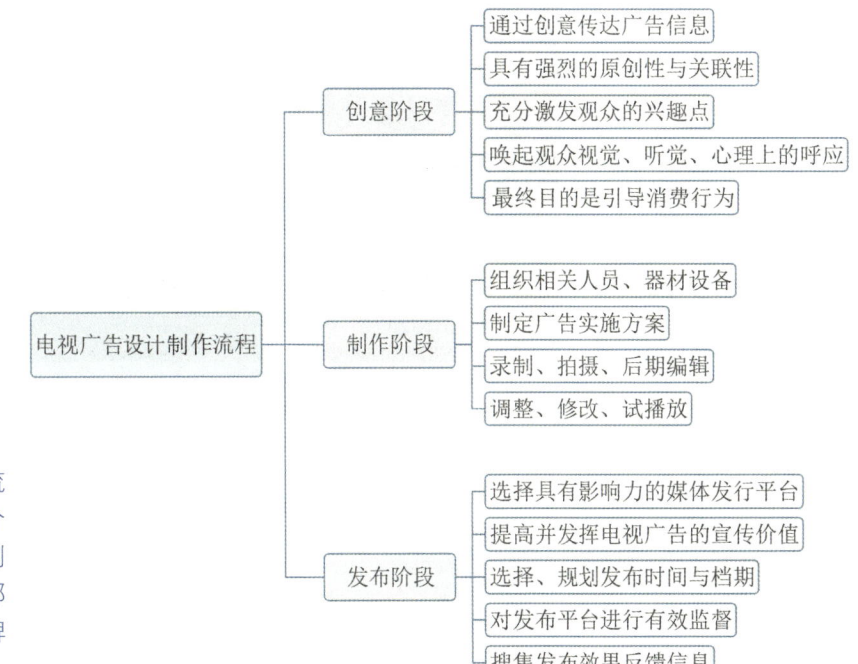

图6-27　电视广告设计制作流程

图6-27：电视广告设计制作流程是一个系统化的过程，每个阶段都需要进行精心策划和制作，只有这样才能打造出一部引人注目的电视广告，为品牌的宣传带来良好效果。

补充要点

观众对电视广告的态度

绝大多数观众认为电视台发布广告制度与时段不合理，经常在电视剧中插播广告，影响观看心情。观众看电视原本是奔着精彩的电视节目去的，电视广告是强加给观众的，所以观众不愿看电视广告。

如果失去了电视广告，在现有电视媒体制度下，大多数电视台就很难存活下去，所以电视广告还将长期存在下去。其实，观众也需要通过电视广告来获取更多的消费信息。只要电视台的广告制度与时段合理，观众对电视广告的厌恶情绪是会大大降低的。如将广告安排得很短且有规律，观众对广告的厌恶情绪就会相对少很多。

6.4 广告设计案例解析

广告设计需要充分考虑观众的认知水平，迎合最广大人民群众的视觉审美标准，才能提高商品或服务的知名度，增强其社会影响力和市场竞争力。下面介绍几个广告设计实例，并对它们的设计策略和关键要素进行详细分析（图6-28～图6-30）。

将产品形体图案化表现。

底图朦胧虚幻，与前景图片形成强烈的虚实对比。

对文字进行多种字体设计，丰富版面效果。

指出价格，吸引消费者。

对视频结构图案化设计。

高清晰特写摄影是吸引消费者的重点元素。

预留LOGO位置，供商家自行安排。

（a）餐饮广告

预留LOGO放置在边角，车型已经确定了品牌，无需安排在醒目位置。

字体经过设计后，倾斜放置，笔画结构适当连体，具有力量感。

背景图片处理效果真实，远景与近景色调统一。

高清特写局部，强调的是品牌而不是车型。

压低的文字具有装饰性，并不强调内容表述。

（b）汽车广告

图6-28　广告招贴案例

图6-28（a）：餐饮广告中的主体食品应放大，同时要预留版面放上标题广告文字，热销产品文字信息较多，应缩小辅助信息文字，充实整体版面。

图6-28（b）：汽车广告除了汽车产品，还需要搭配相关背景，让道路与自然风光相结合，满足不同车型的推广需求。

广告招贴贴在玻璃幕墙内部，能起到窗帘的作用，可随时更换。 两种版式设计形成套组系列，具有更全面的说服力。 钢化玻璃表面进行UV印刷图文信息，具有很强的精致感。 不锈钢装饰边框形成网格风格，具有强烈的秩序感，广告识读更清晰。 大幅面半透网格喷绘招贴，是橱窗装饰背景，同时传达了品牌与折扣信息。 高清写真背胶黏贴在PVC板材制作的立方体表面，形成实体形态，与背景招贴相呼应。

（a）玻璃内招贴　　　　　（b）楼梯间标识牌　　　　　（c）橱窗内招贴

图6-29　广告招贴应用设计案例

图6-29（a）：店面玻璃内的招贴是店面设计的重要组成部分，设计元素及色彩搭配都与店面装修造型保持一致。

图6-29（b）：楼梯间标识牌品牌种类繁多，可以设计为井格造型，每个品牌嵌入一格，获得强烈的秩序美。

图6-29（c）：橱窗内招贴可起到背景墙装饰功能，为橱窗内商品提供衬托。

（a）绘制底图边框　　　　　（b）设计文字　　　　　（c）置入产品图片

图6-30　广告设计过程（王宇）

图6-30（a）：使用肌理滤镜工具在底图上绘制黑板色彩、纹理效果，并增加木质边框图片。

图6-30（b）：输入文字并变换色彩，模拟常用彩色粉笔色彩效果，字体选用近似手写效果的艺术楷体。

图6-30（c）：置入高清特写产品，缩放好大小并摆放到合适的位置。

(d) 绘制装饰图案

(e) 输入文字

(f) 置入产品图片

(g) 绘制装饰图案

(h) 增加装饰并补充联系方式

墨绿色黑板底色与木质边框模拟出学校氛围，确定产品的定位人群。

主要文字多选用浅色，模拟出彩色粉笔的常用颜色，继续呼应黑板底图。

白色线条图案模拟白色粉笔涂画痕迹。

产品特写应当高清，选两款畅销品作为推广主题。

图6-30 广告设计过程（王宇）（续）

图6-30（d）：绘制或置入白色线条装饰图案，模拟白色粉笔效果。

图6-30（e）：继续输入文字，更换色彩，强化对比，选用橙色与红色激发食欲，表现广告设计主题。

图6-30（f）：继续置入高清特写产品，缩放好大小并摆放到合适的位置。

图6-30（g）：继续绘制或置入白色线条装饰图案，模拟白色粉笔效果。

图6-30（h）：增加装饰图形，在招贴左下角输入联系方式，整体调整完成。

第6章 广告设计

本章小结

　　在视觉传达领域中,广告设计的作用不容小觑,它渗透在我们日常生活的方方面面,通过强有力的广告形式,有效地触动和激发了观众的视觉感知和心理反应。本章从广告设计的本质出发,深入讲解其设计理念、设计形式以及传播方式,系统讲述广告设计专业技能,通过指导加强设计师在广告创作领域的专业能力,为理解广告设计形式提供了全面的视角。

课后练习

1. 广告具有哪些作用?
2. 广告设计表现出来的最直接的作用是什么?
3. 霓虹灯广告语、灯箱广告有哪些设计共同点?
4. 广告设计的过程中,哪一个阶段最重要?
5. 如何理解广告设计原则中的原创性?
6. 广告传达信息的优势在哪里?
7. 网络广告与手机广告相比较,有哪些共同点?
8. 从目前广告传播形式来看,最突出的传播媒介是什么?请分析原因。
9. 请简要概述目前广告行业存在的弊端,如何解决这一问题?
10. 以校园内的事物为题材,设计一则广告,广告的类型自定,要求设计角度新颖、独特。
11. 了解党的二十大以来的文化建设历史成就,思考应该怎样通过广告宣传体现新时代精神风貌。

第7章
包装设计

识读难度：★★★★☆
重点概念：安全、环保、绿色、设计理念

◁ 章节导读

商品的包装功能是多方面的，它不仅为商品提供保护，还承担着传递信息、增加产品附加值的任务。为消费者带来使用便捷的同时，包装的设计还能够增加商品的视觉吸引力，在一定程度上激发消费者的购买欲望。巧妙运用包装上的视觉设计元素，能够有效提升产品的市场竞争力。

图7-1 简约包装设计

图7-1：简约包装设计在设计上十分简洁明了，具有审美高级感，充分满足消费者对美的追求。设计者将设计元素大胆简化，避免繁琐复杂，使得包装整体看起来更加清晰、直观，强调材质的质感和色彩搭配，通过合理的材质选择和大胆的色彩运用，提升包装的整体美感。着重突出品牌字体，有力地传达品牌视觉形象，使消费者能够快速识别。

7.1 包装设计概述

7.1.1 包装设计概念

包装设计是指为产品创建外部包装的过程，以保护产品、传达品牌信息并吸引消费者。它不仅涉及视觉元素的设计，还包括材料的选择、形状的构造和功能的考虑。优秀的包装设计能够有效地传达产品的特点，树立品牌形象。包装设计还需考虑可持续性，使用环保材料以减少对环境的影响。通过创新的设计，包装不仅是保护产品的容器，还能成为消费者与品牌之间的重要沟通桥梁，从而增强品牌的吸引力和竞争力（图7-2）。

7.1.2 包装设计要素

1. 商标设计

商标可以分为文字商标、图形商标、图文结合商标等三种形式（图7-3~图7-5）。商标设计与创意表现方式有机结合，经过对设计理念的深入分析、精准归纳与高度概括，设计概念从最初抽象的创意构思逐步转化为具体且独特的设计图案。

2. 图形设计

包装中的图形是指产品主体形象与附加装饰形象，就其表现形式可分为实物图形与装饰图形两种（表7-1）。

3. 色彩设计

色彩是美化与突出产品的重要因素，能够吸引消费者的注意并引发其情感共鸣，给产品带来独特的情感属性。当涉及产品包装设计时，设计师必须考虑到消费者对颜色的心理反应及其联想。为了达到视觉上的吸引力，设计师往往通过对产品包装进行夸张或变形，对图案进行抽象化处理，以简洁和富有冲击力的方式呈现。然而，色彩的选择并非独

图7-2　大米创意包装设计

图7-2：普通大米包装为方形塑料袋，袋子上印有图案与文字。该大米包装通过头脑风暴，将辛苦劳作的农夫作为包装造型，圆乎乎的脑袋，脸部表情十分生动，戴上草帽，十分憨厚可爱。

图7-3　文字商标　　　　　　　　　图7-4　图形商标　　　　　　　　　图7-5　图文结合商标

图7-3：以文字为主的商标设计，消费者能够直观看到商品商标。

图7-4：以图形为主的商标设计，消费者看到该图形就能联想到所销售商品的具体形态或消费意境。

图7-5：商标中既有文字元素，又有图形元素，画面的视觉效果较好，商品对消费者具有亲和力。

表7-1　　　　　　　　　　　　　图形设计分类

分类		内容	图例
实物图形		根据设计构思来绘制图形，图形主要表现商品的特性与状态，图形的观赏趣味浓厚，是宣传、美化、推销商品的重要手段，能给消费者带来直观认知	
装饰图形	抽象图形	抽象的手法多用于写意，采用抽象的点、线、面、体等来构成画面，要求简练、醒目，具有很强的形式感	
	具象图形	采用具象的人物、动物、植物、风景作为包装的象征性图形，用来表现包装的内容与属性，具象形态与抽象表现手法相互结合	

立，它还受到诸如印刷技术、材料质地以及产品的市场表现等多种因素的影响。例如，食品包装多采用明快且色彩丰富的包装，特别是温暖的色调，可以有效传递出食品的新鲜和营养价值（图7-6）；化妆品类产品则更多采用温和的中间色调，以彰显其高端、优雅以及奢华的使用感受（图7-7）。

4. 文字设计

文字在产品与消费者沟通交流过程中扮演着至关重要的角色，商品包装上的诸多元素，如品牌名称、使用指南、广告语及生产商信息等构成了包装的核心内容。包装设计中，文字设计需简洁明了、易于阅读和记忆，字体设计的风格与细节需具备良好的辨识度和审美价值，凸显商品特色，文字的布局安排应与包装的整体风格保持和谐统一（图7-8）。

图7-6　食品包装设计

图7-7　护肤品包装设计

图7-6：抓住消费者的色彩心理，食品包装运用鲜艳的色彩，能够诱发味蕾对食物的触动，让人想要购买品尝。

图7-7：研究消费者的习惯与爱好，不断增强色彩方面的研究，护肤品包装采用柔和的色调设计，能够打造出清透、亮白的视觉效果，让消费者对产品感兴趣，从而产生购买欲望。

（a）中文字体设计　　　　　　　　　　（b）英文字体设计

图7-8　包装字体设计

图7-8（a）：字体能反映商品信息，纤细优雅的中文字体凸显产品的精致高端，将产品信息间接地告知消费者。

图7-8（b）：加粗的英文字体反映出产品的足量感，有效突出果汁原生态无污染这一特点，让顾客放心购买。

7.2　包装设计原则

7.2.1　安全

确保产品安全是包装设计基本原则。设计时应从产品的性质出发，综合考虑在存储、运输、销售、使用各阶段可能遭遇的各种风险。根据不同产品的特性精心挑选合适的包装材质，这些材质需具备如阻燃、防湿、抗紫外线和防水等属性，也要具备良好的耐震、抗压和耐磨特性，保证包装在任何环境下都能有效地保护产品，从而最大程度地维护消费者的利益（图7-9）。

7.2.2　视觉效果

包装设计的视觉效果在于清晰简洁。包装设计中，如果视觉元素过于复杂或过度装饰，可能会引起产品与包装之间的视觉冲突从而模糊包装需要呈现的主要信息，使得整体视觉效果减弱，甚至使消

图7-9　安全性设计

图7-9：采用多种包装设计，袋装、真空装、瓶装、礼盒包装，不同材质的包装能满足不同场所的需求。

费者产生误解。因此，设计师应尽量去除包装设计中的多余的视觉成分，确保设计中心思想的明确传达，并且寻求最具创新性和表达力的设计方案，以强化包装的视觉吸引力（图7-10）。

图7-10 美观性设计

图7-10：包装是直接美化商品的艺术，包装采用鸭子的图形剪影设计造型，图形简洁而造型精美，具有艺术欣赏价值。

7.2.3 人性化设计

在设计包装时，必须确保其结构能够适应商品的储存、运输、展示、携带以及使用等方面的需求。包装的设计需要对其结构比例进行精确的计算，要求造型既严谨又美观，以突出包装盒的形态和材质，同时强调实用。包装盒的结构需要具备完整的功能，以满足生产和销售的需求，目前市场上常见的商品包装结构主要包括手提式、抽屉式、变形式和组合式（图7-11～图7-14）。

图7-11 手提式包装

图7-12 抽屉式包装

图7-11：手提式包装主要体现在手提袋上，方便携带。

图7-12：抽屉式包装分为多层设计，能够在有效的面积中，容纳更多的产品，设计也十分具有新意。

图7-13：变形式包装可以改变造型，包装拆开时，可以变成工艺品或玩具，具有纪念性与娱乐性。

图7-14：组合式包装有不同大小，小包装可以放入大包装中，层层叠放，最后实现大包装中容纳多种小包装的设计。

图7-13 变形式包装

图7-14 组合式包装

7.2.4 绿色环保

在当代，随着对生态环境保护意识的增强，商品包装设计正日益受到消费者的关注和重视。尤其是食品包装，设计时应当注重包装的环保性能，选用无污染、无公害、健康的材料，同时结合先进的制作工艺，充分考虑商品包装的造型结构，进而提升设计的整体美感。只有这样，才能在竞争激烈的市场中赢得消费者的青睐（图7-15、图7-16）。

7.2.5 促进销售

消费者在购买商品时，普遍通过相互比较的方式来挑选商品。在众多销售手段中，产品包装扮演着至关重要的角色，它是最有效的营销方式之一。为了引起消费者的注意并刺激其购买欲望，包装设计必须运用文字、图像和色彩等元素来充分展示产品的特性，强调其功能和价值。设计精良的包装不仅能够凸显产品本身的优势，还能增强消费者的购买冲动（图7-17）。

图7-15：可重复使用的饮料杯，用完后还可以家用，或用来制作工艺品，许多商家提倡自带杯具，给予适当优惠，也是为环保事业付诸行动。

图7-16：减少使用一次性塑料袋，改用环保购物袋，是众多商家推出的环保口号，布艺手提袋使用时间长，还能重复利用。

图7-15　可重复使用的饮料杯

图7-16　布艺手提袋

图7-17：在长长的货架中，设计最为别致、最具创意的包装，最能快速引起消费者的注意。

图7-17　方便销售的包装

7.2.6 生产加工

包装设计要考虑是否能够满足高效率与规模化的生产需求。包装材料应当能快速、准确加工成型，提高装物与封合等的便利性，包装设计需契合产品的内在价值以及目标消费市场的特性，能恰当反映产品定位。例如，折叠式纸箱用于电子产品和电器的包装，其外观设计可能显得简朴粗糙，恰好形成了一种反差，不仅凸显了内部产品的精密程度与功能多样性，还激发了消费者的好奇心和探索欲，有时甚至能带来意想不到的惊喜（图7-18）。

图7-18 方便生产的包装

图7-18：根据商品属性、使用价值、消费群体等选择适当的包装，对生产、加工、组合更有利。

7.3 包装设计案例解析

包装设计主要关注产品的防护，强调围合感，并展现出多角度的立体视觉传达元素。各个视觉元素之间相互联系，同时也各自独立，避免了同质化的设计。接下来介绍几个包装设计案例，并详细解读其设计方法和关键点（图7-19～图7-22）。

原纸表面印刷图形为单色，清晰表现产品名称与品牌，图形与色彩的细腻度较弱，成本低。

对原纸表面进行全色印刷，再进行覆膜处理，图形与色彩的细腻度较高，成本高，能表现出产品与品牌的个性。

（a）素底包装　　　　　　　　　　（b）色底覆膜包装

图7-19　包装设计对比案例

图7-19（a）：素底包装反映产品的朴实属性，给人物美价廉的心理认知，是热销产品包装的主流设计思维。

图7-19（b）：色底覆膜包装表现产品的优异品质，给人高档华贵的心理认知，常与素底包装搭配展示推广。

对包装外观进行折角造型设计，拿取更有亲和力。

多种色彩设计能体现出产品的多元化个性，满足不同个性的年轻消费者选购。

设计便笺纸或菜单满足不同销售场合使用。

设计配套纸巾盒，可作为销售赠品，提升产品的竞争力。

（a）包装色彩设计　　　　　　　　　　（b）附属产品包装设计

图7-20　牛奶包装设计案例（王洋）

图7-20（a）：产品包装多选用中高纯度色彩，有利于激发消费情绪，产品展示时按次序摆放整齐。

图7-20（b）：附属产品包装造型、色彩与主体产品一致，形成统一感。

外部包装多元化设计，满足不同规格的内包装产品使用。

原纸包装与简化的色彩表现出产品原汁原味。

内包装玻璃瓶造型经过细致且全新设计，造型与同类竞品具有明显区别。

强调图形特征，弱化产品辅助信息文字，运用白底标签来衬托果汁色彩的纯正。

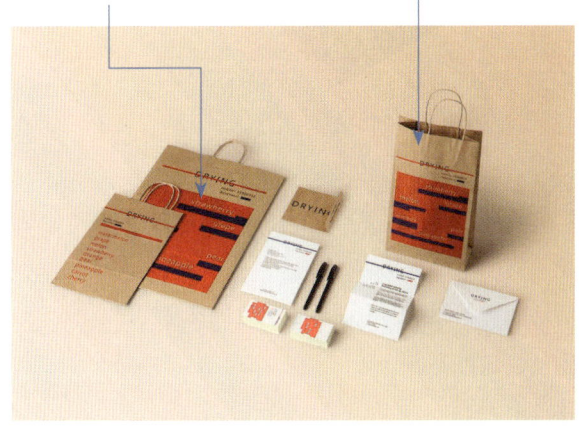 

（a）外包装设计　　　　　　　　　　（b）内包装设计

图7-21　饮料包装设计案例（张玉雪）

图7-21（a）：外包装采用牛皮纸为基础，套印黑色与红色，降低印制成本。

图7-21（b）：内包装采用标签式设计，直接粘贴在产品容器表面，视觉效果直观、简洁。

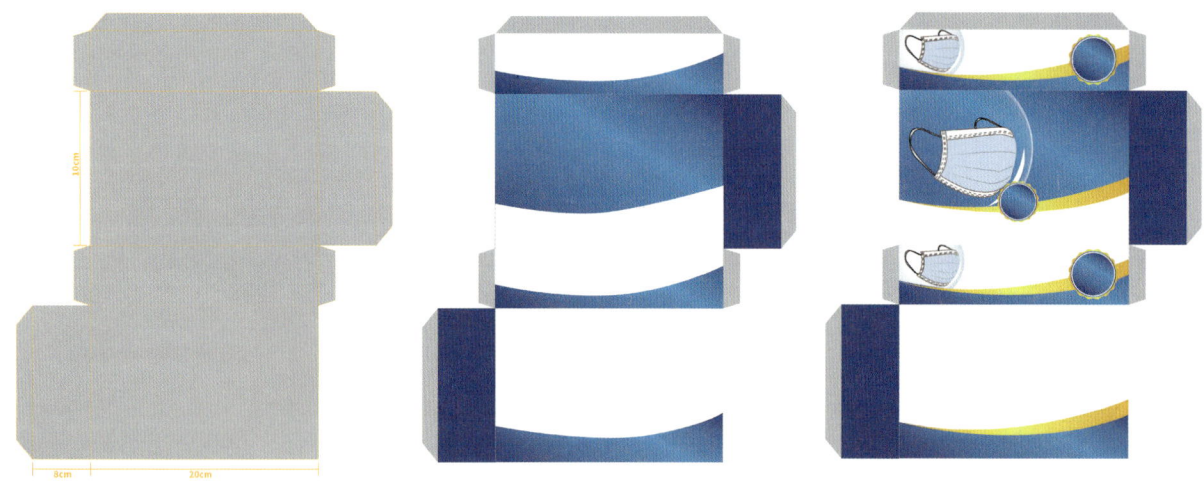

（a）绘制底图轮廓　　　（b）设计基本图形色块　　　（c）绘制产品图形与装饰元素

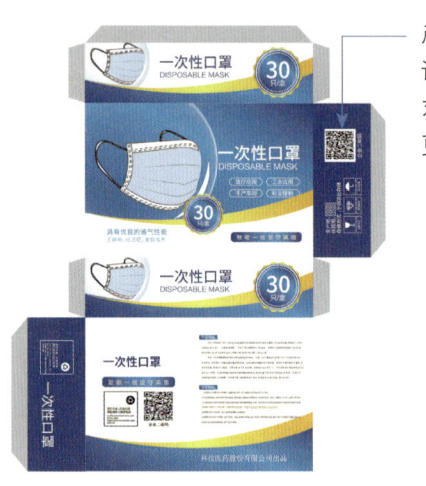

产品包装上的辅助信息由设计者根据产品特征与企业要求来提供，需要设计者关注更多同类产品。

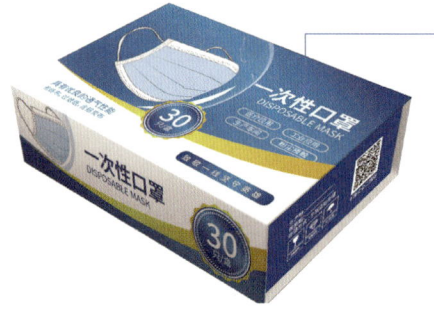

立体图是对二维图的拓展，多采用三维软件制作或上网寻找样机图下载后直接覆盖贴图。

（d）输入并编排文字　　　　　　　（e）立体化表现

图7-22　包装设计过程（王宇）

图7-22（a）：根据产品实际规格，绘制包装展开轮廓图，将折角粘贴区域也设计好。

图7-22（b）：绘制基础几何形底纹色块，采用过渡渐变效果表现一定的科技感。

图7-22（c）：绘制产品矢量图，尽量细化产品结构，适当增加装饰图形用于后期标注醒目的文字信息。

图7-22（d）：根据产品特性与销售要求，排列各种文字、图形、二维码。

图7-22（e）：将各面图形分解后转贴至包装盒外观，注意接缝对齐。

本章小结

包装设计作为品牌理念、商品特性、消费心理的综合体现，不仅是一种信息传递的媒介，还能通过视觉和心理层面的刺激唤起消费者的情感共鸣，从而引导消费行为，提升商品价值。本章从不同角度，对包装设计方式、设计要素等多层面内容进行详细讲解，并加入实际案例进行深入分析，帮助读者高效掌握行业基础知识，快速丰富审美经验。

课后练习

1. 谈谈包装对日常生活的影响。
2. 包装设计的重点是什么？
3. 包装应当传达出哪些信息？
4. 包装字体如何选择？
5. 包装的设计要素有哪些？
6. 色彩对包装设计有何影响？
7. 如何将人性化理念体现在包装设计中？
8. 请分析热门包装上的字体、图形设计的特征。
9. 如何将包装设计理念融入包装设计中，突出设计风格？
10. 设计一整套咖啡包装，要求突出品质、设计出亮点。
11. 习近平总书记在2014年9月的纪念孔子诞辰2565周年国际学术研讨会暨国际儒学联合会第五届会员大会开幕会上发表的重要讲话中提出，"努力实现传统文化的创造性转化、创新性发展"，请以中国传统文化元素为表现主题，完成一套产品包装设计。

第8章
展示设计

识读难度：★★★★☆
重点概念：展示、布置形式、道具

◀ 章节导读

展示设计是一门综合视觉传达设计，与环境设计的专业知识相结合，能够更好发挥自身优势，通过利用各种展示道具和陈列技巧创造出生动的视觉效果。展示设计对象包括博览馆、纪念馆、美术馆、购物中心、橱窗和柜台等（图8-1）。

图8-1：科技馆作为传播科技知识和推动科学普及的重要场所，其展示设计至关重要。主题应具有时代性、趣味性和教育性，设计应注重创新，运用多种展示手法，如虚拟现实（VR）、投影技术、互动装置等，提升观众体验感。展馆布局要合理，展示流线要清晰，使观众能够按照最佳参观顺序依次浏览各个展区。

图8-1 科技馆展示设计

8.1 展示设计概述

8.1.1 展示设计概念

展示是陈列、展览、表达的意思，既是动词，又是名词。"展"意为展现，主要表达展示对象特征，强调方法。"示"意为表示，强调技术性与效果等。展示设计的表达方式多种多样，包括实物展示、图文展示、多媒体展示等。展示设计要求在设计过程中不断实现目标与效果，解决展示对象、表现技法等细节问题。展示设计涵盖的范围十分广泛，大到博物馆、纪念馆、博览馆、美术馆，中到商场、超市、庆典会场，小到橱窗、展柜、展台等（图8-2、图8-3）。

展示作为一种信息传播的方式，设计时要注意各方面设计要素之间的联系。下面根据视觉传达设计的规律，总结出展示设计模式中的各项要素（图8-4）。

8.1.2 展示设计特性

展示设计的形式和手法丰富多样，具有灵活性，能够赋予展品无限魅力。

1. 空间性

展示设计受空间限制，空间内的展示设计不仅是视觉上的呈现，更是一个时间和空间相互交织的动态实体，是一种能和观众互动的媒介，应当做到可视、可询、可触，使观众获得充分参与感（图8-5）。

2. 开放性

展示空间是人类与展示对象共存的实体场所，展示设计在该空间中发挥自身功能。展示空间的设计必须强调开放性，创造一个自由的信息传播、交流场所，促进信息自由流动，便于参观者与展示者之间相互理解，建立沟通关系（图8-6）。

图8-2　服装展示

图8-3　上海科技馆

图8-2：通过灯光、衣品质地与色彩来烘托出时尚的专卖店空间氛围，最终达到吸引顾客购买服装的目的。

图8-3：特定的时间与空间中，运用艺术设计的表达方式，通过对空间界面的精心设计，使其产生独特的空间气氛，并使观众参与其中，达到完美沟通的目的。

图8-4：展示设计方案首先要符合主办方的要求，信息内容的展陈形式尽量丰富多样，运用多种技术手段满足参观者的心理需求，使其获得丰富的视觉观赏体验。

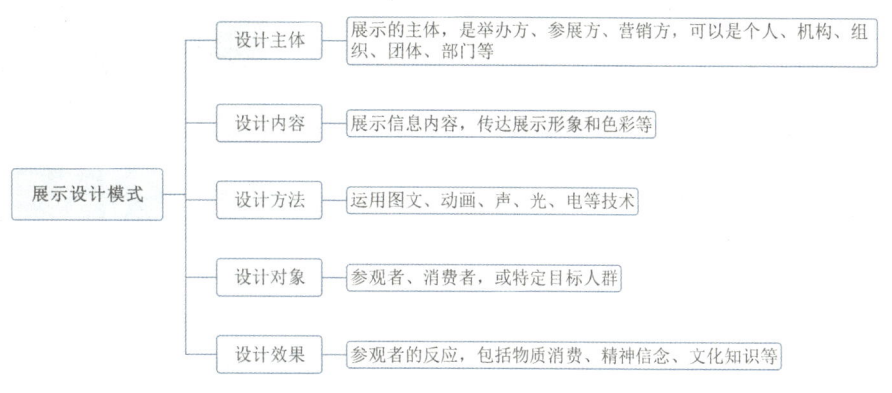

图8-4　展示设计模式

3. 组合性

展示设计中创意表现的方式千变万化，设计元素的重组与创新是核心要素。针对不同的展览主题，设计师需深入理解并提炼内容，通过对展品特性的精确定位来进行创造性重组，巧妙地利用点、线、面、体的组合，打破常规布局，达到新颖独特的视觉效果。这种设计手法能够有效地突出展品的个性，并提升整体展览的吸引力（图8-7）。

4. 时效性

展示设计时效性比较强，要注入最新的科技动态，确保所传达的信息契合观众兴趣。设计不仅需整合学习、休闲与日常生活功能，还应致力于将时尚趋势融入其中，即使是呈现传统文化元素或历史时刻，设计焦点也应集中在如何有效结合现代展示手段，以凸显时效性（图8-8）。

5. 功能性

在商业领域中，展示设计具有多种功能，它不仅能够有效宣传产品或服务，也兼具市场营销和互动的职能。与其他的宣传方式相比，展示设计因其高效率和直面受众的特性而独树一帜（图8-9）。

图8-5 交互空间展示

图8-6 开放空间展示

图8-5：通过实物展品展示、液晶显示屏全方位展示细节设计，液晶触摸屏查看展品的相关信息，能够让公众感受到更完善的服务。

图8-6：在开放式美术馆中，参观者可按照画风系列展示来参观，也可以根据场馆示意图来参观，其开放性与流动性都十分明确。

图8-7 组合性展示

图8-8 时效性展示

图8-7：汽车销售展厅一楼为汽车展示区域，且每台车配有信息查询系统，二楼为休闲区，供参观者休息。

图8-8：要让展示主题具有时效性，使展示活动具前卫感，让观众时刻保持全新的感受，不同形式的表现手法应当与时尚挂钩，打造多元化展示效果。

图8-9：展示设计功能体现在多方面，集营销与服务为一体，兼具信息展示、商品促销、宣传服务、弘扬文化等功能，能吸引人气，有效地推动商业活动的发展进行。

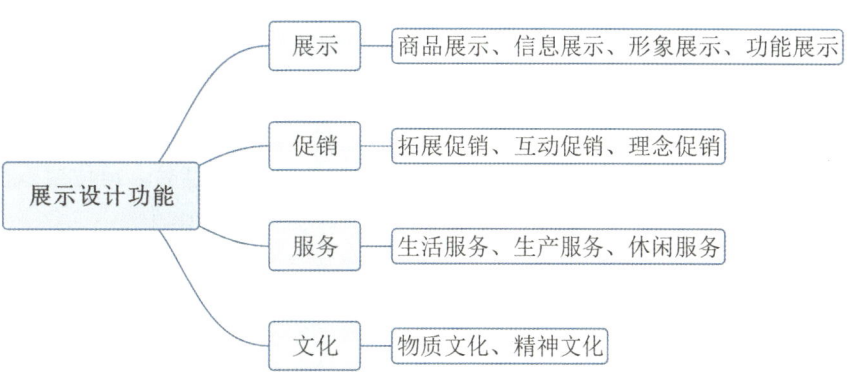

图8-9 展示设计功能

补充要点

展示与空间尺度设计

1. 主通道：主通道能保证4～6人并肩通行，设计成不少于4m的人行通道，纵横贯穿主要展示空间，使观众可以到达各空间。主通道具备疏通集中人群、搬运展品的功能，各种车辆可以顺畅通行，消防安全能有保障。

2. 次通道：空间尺度小于主通道，与主通道一起构成展示空间的网络通道，在方便观众参观的同时，还能起到间隔展区的作用。

3. 应急通道：与主通道、大门相连，方便观众紧急疏散，能引导观众迅速撤出展示空间，还可以输入消防设备与人员，确保展示活动安全。

4. 消防通道：在展示空间中应当设置消防专用通道，该通道与消防设施相连接。

5. 货物运输通道：满足布展、撤展时各种货物运输，能通行汽车、起重设备等，确保展览的执行效率。

8.2 展示设计形式

8.2.1 版面式

固定的版面展示形式丰富，使得设计能够适应不同的展示需求。临时性的版面通常依赖于装裱技术，适用于短期展示活动。展示形式以平面布局为主，利用图片和文字等元素的结合来传递信息，其制作过程成本较低，便于安装与拆卸，可重复使用，具有高度的灵活性（图8-10）。

8.2.2 景观式

景观式展示通常呈现为一个主题的展示，真实性强，综合了空间规划、景象配置、照明、声响、设施和技术等因素，适用于持久的博物馆、纪念堂、科技展览等场合展示用途。此类展示需要确保展示内容的真实性，道具设计要丰富多样，展示对象多为真实物品，仿制道具也要多元化设计，让参观者能够有参与其中的感觉（图8-11）。

8.2.3 橱窗式

展示设计中的橱窗类布置，是利用较小的围合空间，将展品陈列在橱窗中。这一做法常见于品牌店铺以及各类博物馆等室内场所，设计时应当追求简练、夸张的表现方式，将展品生动、鲜明地呈现给观众，利用有限的物理空间，创造出最大化的视觉和心理效果（图8-12）。

8.2.4 摊位式

摊位式展示是展示空间中的局部表现技法，是一种针对特定展示目的而设计的空间表现形式，具有多样化的设计形态。这种手法允许设计师充分表现展示意图，挑选合适的尺寸大小来构建摊位，塑造出形式丰富的局部空间。由于其设计上的灵活性，摊位展示在商业空间中的应用尤为广泛（图8-13）。

8.2.5 中心式

中心式展示适用于展示具体的主题项目，通常将展示道具放置于视觉焦点，即空间的中心位置，而相关的辅助展品则布置于周围，形成一种四周向中部靠拢的包围趋势，对主题展示对象形成围合、烘托效果。如此布局鼓励观众的视觉集中，并提升观众对展示主题的认知与兴趣（图8-14）。

8.2.6 走道式

走道式展示适用于那些较长而狭窄的空间，展示空间的顶部及侧面通常会被封闭起来，形成一种半封闭的状态。观众在空间中行走，并沿着预设的路线来参观展示物品。由于空间的封闭性，走道展示能够提供非常直观的展示效果，并且能有效地传达展览的主题（图8-15）。

图8-10 版面式展示

图8-11 景观式展示

图8-10：以平面展示为主，通过图片陈列，展示展品信息，形式灵活多变，制作简单。

图8-11：通过真实的海洋生物与造景方式，打造出海底世界般的视觉盛宴，展示空间十分生动、真实。

图8-12 橱窗式展示

图8-13 摊位式展示

图8-12：在较小的橱窗空间内，将展品展示给观众，橱窗玻璃不但不会阻挡视觉效果，还能防止展品受到人为破坏。

图8-13：摊位式展示十分常见，商场里的小型摊位，路边的临时摊位，都能创造出良好的展示效果。

图8-14 中心式展示

图8-15 走道式展示

图8-14：中心式展示往往是博物馆、博览会展示设计中的常用表现形式，围绕一个中心主题来分配展示内容。

图8-15：走道式展示的展品陈列在通道两侧，参观者按照规定的路线参观，行走路线明确，走道中可设计部分转角形成遮挡。

8.2.7 洽谈式

洽谈式展示是在商业博览会展示中设置会议室或洽谈区（图8-16）。洽谈区为参展商提供了一个平台，使其得以向观众详细介绍公司的背景、产品的特性和技术的细节。这样做不仅有助于观众对展示物品有更加深入的理解，而且促进了双方之间的对话，有助于建立更为牢固的商务合作关系，可以加深参展商与公众之间的信任，为未来的合作奠定基础。

8.2.8 多层式

多层式展示是在建筑内部设置多层结构，从而有效地扩大展示区域。这种设计方法能够打破传统的单一布局,让参观者能够在不同的层面上欣赏展品,从而提升整体的观赏体验。为了进一步强化品牌形象,设计师通常会利用独特的造型来增强空间的冲击力,使得展示区域不仅面积增加,在视觉效果上也更加引人注目(图8-17)。

8.2.9 空中式

空中式展示是利用地面和墙面做展示空间的衬托界面。在这种布局中,重点展品如飞行器、天文器材、照明设备或其他悬挂式装饰品,都可以通过绳索被吊装在展览空间的上空区域,旨在创造一种具有冲击力的视觉体验。设计时需重视的一点是,必须确保顶部结构和界面的稳定和坚固,以保证展品的完好与安全(图8-18)。

8.2.10 模拟式

模拟式展示主要根据展示对象的特殊需求,通过技术模拟出与展示物相关的特定环境氛围,更加生动、真实地呈现展示对象的本质特征(图8-19)。

图8-16 洽谈式展示

图8-17 多层式展示

图8-16:洽谈式展示空间能留住客户,创造良好和谐的环境,可辅以其他的介绍手段,达到事半功倍的效果。

图8-17:多层式展示的形式丰富,展示空间大,展品种类多,具有较好的视觉呈现效果。

图8-18 空中式展示

图8-19 模拟式展示

图8-18:借用空中一部分面积作为展品的支撑点,悬挂在空中的展品十分引人注目。

图8-19:模拟雷电状态,使用特定的装置与环境氛围,烘托雷电天气的气氛,展示效果逼真。

8.3 展示道具设计

8.3.1 展板

展板是发布、展示信息所使用的板状介质工具，主要材质有木板、PVC板、不锈钢、金属板、复合板等（图8-20），可根据需要选择不同的尺寸（表8-1）。

8.3.2 展台

在设计展示空间时，展台可分为大、中、小三种主要类型（图8-21）。大型展台的设计可通过小型和中型展台叠加、拼接来构建出阶梯式的结构，以适应不同的尺寸需求，而不设具体的尺寸限制，根据可用的展示区域及其结构布局来确定展台尺寸。中型展台的高度一般设定在500～900mm之间，长宽为2400～6000mm。小型展台的高度为500mm以下，长、宽为2400mm以下，形状多样，为设计提供了众多的组合可能性。

8.3.3 展柜

展柜分为高柜与矮柜两大类，高柜可靠墙放置

表8-1　　　　　　　　　　　　　　　　展板尺寸

类别	尺寸
小型展板	600mm×900mm、900mm×1200mm、600mm×600mm、900mm×900mm等，厚10～20mm
大型展板	900mm×1800mm、600mm×1800mm、1200mm×2400mm、1800mm×1800mm、2400mm×2400mm等，厚25～40mm
拆装式展架展板	960mm×2200mm、960mm×2400mm等规格，厚15～20mm

图8-20　展板

图8-21　展台

图8-20：展板主要粘贴在墙面上，具有良好的展示效果，且安装便捷，在展示空间中十分常见。

图8-21：展台的大小随展示设计的形式来定，可以分为封闭式展台与开放式展台。

或在展厅内独立放置，常规尺寸为（长×宽×高）1200mm×600mm×2200mm，下部底座或腿高600~800mm。矮柜有单坡面、双坡面、平顶面三种，常规尺寸为（长×宽×高）600mm×400mm×1200mm、800mm×500mm×1600mm，下部底座或腿高500~800mm（图8-22）。

8.3.4 展架

展架可以全方位展示产品，不仅外形美观、结构稳固，同时也兼顾组装的灵活性与拆卸的便捷性等优势。依据展品的特性和市场需求，设计与之相匹配的展示架，能够对展品起到锦上添花的作用。现代展架多用于临时展示，以凸出图文信息为主（图8-23）。

8.3.5 屏风与花槽

屏风款式多样，以固定式屏风和折叠式屏风为主，常被置于展厅等场所的醒目位置，起到分隔空间、装饰环境的作用。屏风没有统一的尺寸规格，通常需要根据具体的展示空间大小来进行定制（图8-24）。

花槽的位置可以根据展示空间的性质来确定，可以置于屏风之前或展墙底部，也可置于墙角或是作为过渡空间的装饰。这样的设计考虑，是为了在观众游走于展览场所时为其提供视觉上的缓冲与心理上的舒适感，从而有效减轻观展过程中可能产生的疲劳（图8-25）。

8.3.6 护栏

护栏的设计应考虑到观众与展品之间的安全距离，护栏设置的间距要合理。横向构杆采用管、杆、织带、链条、绳索等制作，能保障人群过度拥挤时展品的安全，同时不妨碍观众自由通行和欣赏展品（图8-26、图8-27）。

8.3.7 指示牌

指示牌可以分为引导类标识牌与定位名称标识牌，安装高度为1600~1900mm，既不能过高而造成视线上的不便，也不能过低而影响识别效果。

图8-22 展柜

图8-23 展架

图8-22：两种高低不一的展柜形式，形成高低有序的层次感，相对于一眼就望到尽头的展示形式，这种展示更加有趣。

图8-23：便捷的门型展架一般位于醒目位置，能够快速传达最新讯息，组装、拆除便捷。

图8-24 屏风　　　　　　　　　图8-25 花槽

图8-24：屏风作为一种灵活的空间元素、装饰元素和设计元素，具有实用和艺术欣赏两方面的功能。

图8-25：花槽长度和形状可以随意设计，以满足展示空间与环境的审美需求。

图8-26 柔性护栏　　　　　　　图8-27 硬性护栏

图8-26：围护栏杆高700～900mm，博物馆护栏高达1200～1500mm，柔性护栏安装方便，可临时分隔人流，视觉感受比较柔和。

图8-27：硬性护栏采用半封闭与全封闭设计，拆装繁琐，安装后不会轻易改变位置与造型，主要用于贵重物品展示区。

用于户外的指示牌尺寸可大可小，需要具备一定的稳定性以避免风力等自然因素的影响（图8-28）。

8.3.8 沙盘模型

对于无法直接呈现在展示空间中的历史遗迹、现代建筑等，可以采用ABS板、石膏、金属、纸质材料等制作成沙盘模型，用微缩的表达方式按照相应的比例对于单个建筑物或建筑群落的布局进行缩小制作。通过这种方式可以将建筑师的创意想法转变为具体的形象，使得观众能够更加直观地欣赏到建筑艺术（图8-29）。

8.3.9 照明器具

展示区是表现展品使用效果的场所，其空间类型的不同也会导致灯光设计方式产生差异（图8-30、图8-31）。展示照明灯具主要可以分为以下5类：

（1）直管型荧光灯，用于展柜内部或展厅顶棚。

（2）紧凑型节能荧光灯，主要用于展厅天花板、挑檐下部，也可用于展柜中。

（3）混光型射灯，用于照亮展板、展墙以及特定展品。

（4）可调式地灯，用于照亮背景和靠后的展品。

（5）装饰照明，用于辅助装饰，如霓虹灯、激光器、隐形幻彩映画等。

8.3.10 其他道具

1. 小型陈列架

小型陈列架是一种用于展览馆或橱窗内的辅助展示工具，主要为小型展品提供合适的支撑平台。小型陈列架在材质的选择上，常见的有塑料、金

图8-28 指示牌

图8-29 沙盘模型

图8-28：指示牌具有指引、导向的作用，在展示设计中，指示牌的实用功能要高于装饰功能。

图8-29：沙盘模型能真实还原各种造型与场景，在大型展示设计中，具有良好的引导、装饰、实用功能。

图8-30 直管型荧光灯

图8-31 混合型灯具

图8-30：在展板与展柜上方的灯具，通过围合式的造型，给予展板与展柜区域充足的照度，亮度均匀。

图8-31：混合型灯具的光源形式多样，既可以照亮整个大空间，也可以单独突出一个展品。

属、纸板和木材等，尺寸一般不大，如展示文物、首饰的支架、台座等（图8-32）。

2. 装饰器物

装饰器物是一种可以提升展示氛围和效果的装饰品，其选用需依据展示设计的布景来进行，合适的装饰器物能为展示空间增添光彩，包括风灯、宫灯、标志旗、刀旗、会徽、图案、浮雕等（图8-33）。

3. 视听设备

在当代的展览活动中，恰当地利用多媒体技术、电视墙以及音响设备等，可以极大地丰富观众的认知体验。这些设备不仅能够传递图片和文字所无法充分表达的信息，而且能够为观者带来一种仿佛身临其境的感觉。通过这种方式，展览的传达效果得到了极大的增强（图8-34）。

4. 零配件

展示设计的完善依赖于各种零配件，如用于支撑玻璃装饰角的底座、安装横格板的塑料插销以及用于罩盖拆装式护栏柱的顶部连接件等。这些配件的存在极大地简化了展示道具的安装步骤，使得整个安装过程更为高效快捷（图8-35）。

图8-32　小型陈列架

图8-33　装饰宫灯

图8-32：小型陈列架为展品一旁的铭牌、底座，具有说明、指示的功能，相当于展品说明书。

图8-33：将宫灯运用到展示设计中，尤其是在传统风格展厅中，能够烘托出古色古香的氛围。

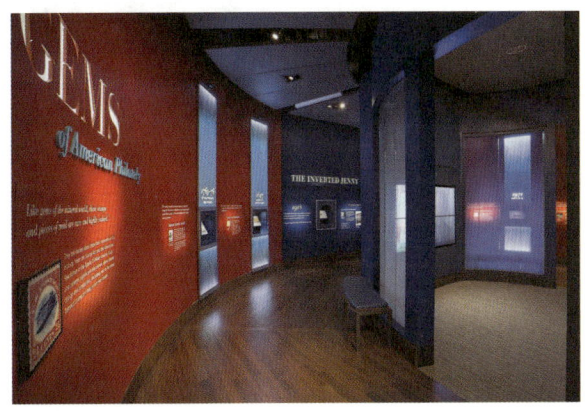

图8-34　多媒体设备

图8-35　展具配件

图8-34：多媒体设备作为展示的补充设计，很好地将各种不能一一展示的信息，通过多媒体呈现出来。

图8-35：展柜上方的包角与下方的底座，能够很好地包住玻璃框架，保护展品。

8.4 展示陈列设计

8.4.1 中心布置法

中心布置法是指在展厅或展位设计中，将关键展品置于醒目位置以吸引观众目光。中心布置展位多用正方形、圆形、多边形或三角形，有助于观众从多个角度全面观察展品（图8-36）。

8.4.2 散点布置法

散点布置法是中心布置法的衍生形式，也称自由布置法。这种布置方式的特点是将多个展示空间在展厅展位的中央区域进行自由分布，在空间中互相交织，形成一种有序而又灵活的布局方式，给人带来一种轻松而充满活力的节奏感，非常适合那些主题分布零散，展品种类丰富的展示空间（图8-37）。

8.4.3 特写布置法

特写布置法通常采用放大展品模型的形式，或集中展示一幅特写照片来强调展示主题。这种方法有效地集中了观众的注意力，使其更加关注展示的核心内容（图8-38）。

8.4.4 网格布置法

网格布置法是在展厅中设置多个展位空间，按照网格形态进行分布排列，这种布局手法具有强烈的次序感，在大型博览会的展示活动中表现得尤为明显（图8-39）。

图8-36 中心布置法

图8-37 散点布置法

图8-36：中心布置法是将展品放在视觉中心位置，观众一进入展厅就能看到展品。

图8-37：通过展柜、展架之间的巧妙组合，打造出活泼、富有变化的展示环境，给观众自由、没有拘束的视觉感受。

8.4.5 线型布置法

线型布置法是根据观众动线，利用区域划分、分段、分块与分组等技巧来组织空间内容的方法，确保展示物品在空间上的流畅性与逻辑性。设计时应着重考虑展品的安排及其在路线中的位置，以及如何通过分类来增强展示的条理性和层次感（图8-40）。

8.4.6 配套布置法

配套布置法是将展品置入一个视觉框架内，为主要展品搭配多种辅助物品，衬托出一定主题氛围，使得观众能够在特定的空间体验中获得一种深刻的主题印象。这种设计方法中展品的展示不再仅仅是一种静态的呈现，而是演变成为一场观众与展品之间的互动的体验，能够激发观众的兴趣，提升他们的观赏体验（图8-41）。

图8-38 特写布置法

图8-39 网格布置法

图8-38：在动漫展厅里，通过将哥斯拉造型进行特写布置，使其在众多造型中脱颖而出。

图8-39：在博览会中，各个展厅的大小相等，从空间上体现出网格的均衡性。

图8-40 线型布置法

图8-41 配套布置法

图8-40：线型布置法从展柜与展品摆放上呈现出线条感，整个展厅被划分为一组或一段。

图8-41：在花卉主题展厅中，同色系花束与道具的设置呈现出高度的配套，营造出特定的场景与氛围。

8.4.7 开放布置法

开放布置法允许观众参与展示、亲自动手、近距离感受展品，营造一种互动式的展览体验。此方法强调展示柜和道具的开放式设计，不仅展示，还融入了销售元素，使得整个环境洋溢着一种亲切自在的氛围（图8-42）。

8.4.8 混合布置法

混合布置法同时运用上述多种方法，是一种综合性的布置策略。这种方法要求策划者精心规划，确保不同展品在生产材料、工艺技术等方面的协调。通过这样的分类和布局，策划者能够使最终的展示效果丰富而不凌乱，进而支持多样化的展览主题，为观众打造美妙的参观体验（图8-43）。

图8-42：选择全开放布置手法，观众可以随意触摸、观察展品，这种手法常常运用在商超展示中。

图8-43：在细化分类时要把握主要展品的特征，要有主次之分，不能平均分配，否则易造成平庸的视觉效果。

图8-42 开放布置法

图8-43 混合布置法

8.5 展示设计案例解析

展示设计强调空间布局与层次效果。设计师在着手创作前需对空间结构进行细致的分析，以此为基础进行创造性的变化。下面列出几款展示设计作品，深入解析设计手法和关键要素（图8-44～图8-46）。

以三维软件制作的展示空间模型，注重空间的体积感。

二维图文信息设计完毕后，以图片形式贴在三维空间模型中。

标注数据并套上坐标网格，清晰表现出尺寸。

图8-44 博览会设计案例

图8-44（a）：以蓝、白、黑三色为主，适度融合圆角造型，提升科技感。

图8-44（b）：平立面图对齐排列，识读更直观。

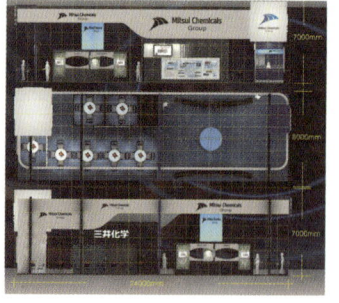

（a）透视图　　　　　（b）平立面图

强化灯光效果，需要在三维软件中制作。

色彩搭配效果统一，具有很强的识别性。

鸟瞰视角更能清晰表现出空间层次与设计布局的位置关系。

（c）透视图　　　　　　　　　　　（d）鸟瞰图

图8-44　博览会设计案例（续）

图8-44（c）：以绿、白色为主，突出环保理念。

图8-44（d）：鸟瞰图中分区设计明确，具有真实的参与感，超远常规平面图。

 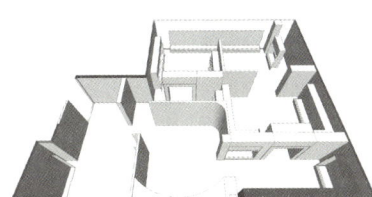 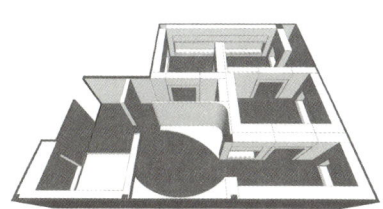

（a）建立基础框架　　　　（b）拉伸出厚度　　　　（c）地面分块

（d）材质贴图　　　　　　　　（e）增加展示台柜

图8-45　博物馆展示空间设计过程（蔡云菲）

图8-45（a）：建立基础框架模型，拉伸出墙面。

图8-45（b）：沿着墙体继续拉伸出墙体厚度、展示柜、展示隔断造型。

图8-45（c）：对地面进行分区，铺装不同材质。

图8-45（d）：对地面主要结构贴图，区分不同展示区域。

图8-45（e）：增加各种展示道具，可以自行创建模型，也可以导入成品模型并进行修改。

（f）调整并补充细节

图8-45　博物馆展示空间设计过程（蔡云菲）（续）

图8-45（f）：补充顶部灯光、展示陈列对象等多种细节，整体调整完成。

（a）绘制基础底图

（b）设计图框图形与标题文字

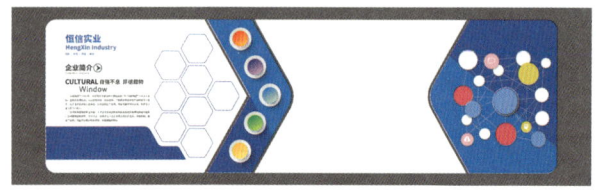

（c）绘制装饰图形

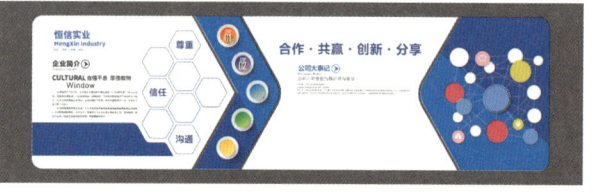

（d）输入主题文字

图8-46　展示图文版面设计过程（王宇）

图8-46（a）：建立基础框架与底图，设计两种蓝色形成构成美感。

图8-46（b）：设计基础图框图形与标题文字，置入设计完成的LOGO与相关文字。

图8-46（c）：绘制装饰图形，并放置于合适部位，选配多种颜色来调节展示版面氛围。

图8-46（d）：输入主题文字与相关信息。

图8-46（e）：置入相关图片至图形中，设计局部图形的阴影并提升装饰效果。

图8-46（f）：补充装饰图形、文字等多种细节，整体调整完成。

（e）置入图片

（f）调整并补充细节

图8-46 展示图文版面设计过程（王宇）（续）

本章小结

在视觉传达设计领域，展示设计对于打造出色的视觉效果起到至关重要的作用。本章重点探讨了以视觉传达设计为核心的展示设计，涉及展示设计的形式、道具以及陈列方式等多个关键要素，对多要素进行了细致的分类和深入解析，辅以众多精彩的图片案例进行说明。通过本章内容，读者可以获得对展示设计各个方面的高度认知。

课后练习

1. 展示设计在视觉传达设计中的作用是什么？
2. 展示设计具有哪些优势？
3. 如何利用陈列形式来提升展品的档次？
4. 展示设计组合设计的样式有哪些？
5. 护栏在展示设计中充当什么角色？
6. 摊位式与甬道式的展示形式是否有相同之处？
7. 网格布置法的视觉效果如何？优势体现在哪里？
8. 请分析展示布置形式中哪一种的效果最好，应用范围最为广泛。
9. 请收集关于展示设计的相关形式的案例，做出针对性分析。
10. 谈谈对展示设计本质的理解，举出生活中展示设计的实例并进行分析。
11. 参观本地的革命纪念馆，选择其中一个展示区域，以此为基础重新设计一套展示布局方案。

第9章 视觉识别系统设计

识读难度：★★★★★
重点概念：VIS 设计、导向设计、
　　　　　吉祥物设计、网页设计

◁ 章节导读

在视觉传达系统设计过程中，设计师的目标是增强观众的视觉体验，利用视觉互动促进人与设计之间的互动，从而加深他们对视觉信息的接受程度。交互式设计的应用不仅加强了人与机器之间的交流，也促进了人与环境之间的联系，提升用户体验的同时也强化了公众对设计的理解和认知（图9-1）。

图9-1：简单的文字搭配生活物品建模图片，在陈列形式上简洁有力地突出了宣传主题，整体较为和谐，营造出一种轻松舒适的生活氛围，能够快速拉近与观众之间的距离。

图9-1　视觉识别设计

9.1　视觉识别系统设计概述

9.1.1　视觉识别系统设计概念

视觉识别系统设计又简称为VIS设计，在构建品牌形象方面发挥着至关重要的作用。VIS设计通过多样化的视觉元素，如图形标识、字体、色彩、象征图案、组合形式等，为品牌建立一个视觉语言，深层次传播企业文化。这种设计方法不仅丰富了品牌的表现形式，还强化了品牌识别度，使得公众能够迅速而准确地识别特定品牌（图9-2）。

9.1.2 设计流程

视觉识别系统设计是由抽象构思到具体实践的设计过程，具体的视觉识别系统设计流程主要分为6个环节（图9-3）。

9.1.3 设计原则

1. 保持统一

运用统一的设计理念与宣传渠道能够将个性化的企业信息统一化呈现。首先需要明确企业识别的各种要素，包括企业理念、视觉要素等，这些要素都需要以标准统一的方式进行设计，再采用简化、统一、组合等手法进行细化塑造，从而确保企业形象的一致性，增强企业的品牌效应（图9-4）。

2. 具有差异

企业为了得到广泛的公众认可，应当将品牌形象与其他形象设计区别开来，在与其他行业品牌的对比中体现差异性。以化妆品行业和机械工业为例，两者的形象特征截然不同，化妆品企业通常倾向于打造一个温馨、优雅的形象，而机械工业企业则可能更侧重于展示其专业性、可靠性和技术实力。在进行企业的形象设计时，必须将行业特性作为核心的考虑因素，在此基础上通过独特的设计元素来展现品牌特点，树立品牌形象，在同类设计中脱颖而出，从而在激烈的市场竞争中占据有利地位（图9-5、图9-6）。

3. 真实有效

视觉识别系统的设计应做到真实有效，旨在全方位满足消费者需求，实现技术与人的和谐互动。在策划阶段，需先明确企业在市场中的定位，在此基础上，再以企业的核心精神和产品特性为根本，进行深度的品牌宣传和推广活动，不仅能提升品牌形象，还能加强消费者对企业及其产品的认同（图9-7）。

图9-2 视觉识别系统设计

图9-2：视觉识别系统设计将所有与企业有关的形象进行统一化设计，从多角度着手，对企业形象进行细部划分，体现出企业的正面形象。

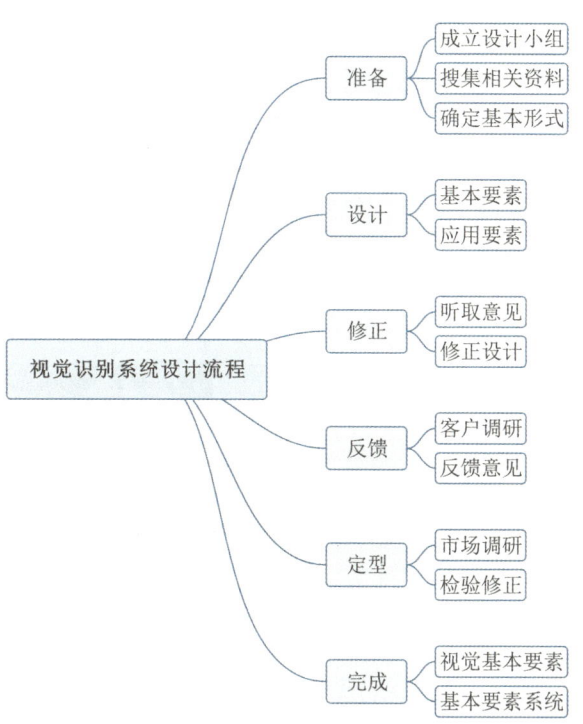

图9-3 视觉识别系统设计流程

图9-3：设计视觉识别系统时要分别站在客户和观众的角度来思考，收集不同人群的反馈意见，以便对设计进行优化。既要满足客户对设计的基本要求和设想，也要考虑观众对设计方案的接受程度，使其产生良好的宣传效应。

（a）冷饮品牌

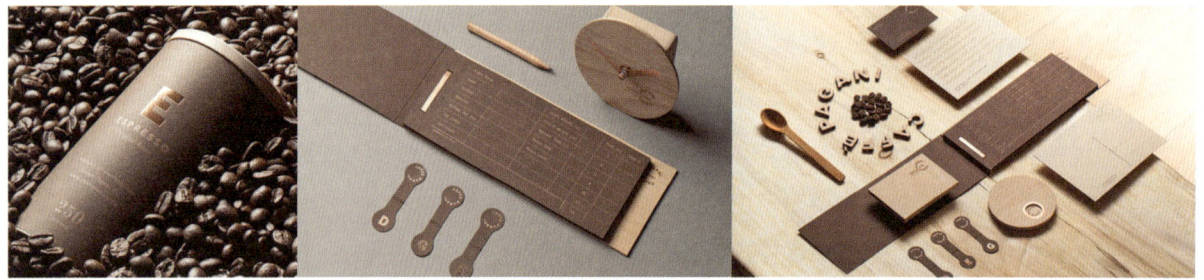

（b）咖啡品牌

图9-4 统一性设计

图9-4（a）：该图为某冷饮品牌的周边，包括手提袋、胸章和包装盒的设计都保持着较高的统一感，这种统一感主要通过调度和谐的配色、画风相似的卡通造型体现，使得品牌形象具有较高的辨识度。

图9-4（b）：该图为某咖啡品牌的形象设计，整体使用复古色系，表现咖啡醇厚，凸显品牌悠久历史，使信息传播更为迅速有效。

图9-5：女性化妆品的形象设计以柔和、温馨的色彩为主，首先在色彩上取得好感，从色彩上与其他行业区分开。

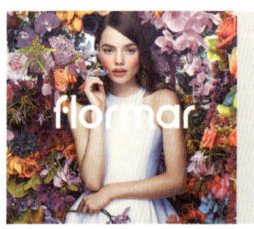

图9-5 化妆品企业形象

图9-6：各国大多数汽车的车牌为黄色、白色与蓝色，汽修企业正是抓住了这一特点，在众多品牌中突出自身。

图9-6 汽车维修企业形象

4. 民族地域

企业形象的构建和传播涉及多个层面的因素，民族的文化底蕴和传统特色在其中起着至关重要的作用。可以从多个文化元素中寻找灵感，如服饰、饮食、生活方式和建筑风格等。以麦当劳和肯德基为例，它们的企业形象成功地融合了美国的生活方式和快餐文化，使之成为全球闻名的品牌（图9-8、图9-9）。

图9-7：真实有效能树立良好的企业形象，将基础图形设计融入企业品牌中，在进行营销时能贯彻到任何环节，如产品包装、汽车车身、服装等，让公众看到某一标识就能想到该企业。

图9-7　真实有效设计

图9-8：麦当劳的企业形象是一个金色的拱形门，象征着开放与欢迎，设计风格干净简洁，传达出一种友好的氛围。

图9-8　麦当劳企业形象

图9-9：肯德基的企业形象以创始人哈兰·山德士为原型，寓意着该品牌对消费者亲切友善的态度，色彩鲜艳明亮，具有较高的识别性。

图9-9　肯德基企业形象

9.1.4 吉祥物设计

1. 统一品牌印象

吉祥物是视觉识别系统设计的辅助要素，能够强化企业形象的宣传效果，在消费者心中留下更为深刻的印象。通过精心设计的吉祥物，企业能够以更加具象和生动的方式进行形象展示，进而有效扩大其品牌影响力（图9-10）。

2. 制造亲切感

吉祥物类型多样，如动物、植物、花卉、几何图形等，应当具有一种其他设计元素难以比拟的生动性与活泼感，在公众心目中树立起一种亲切友善的形象，与消费者之间形成一种强烈的情感连结（图9-11）。

3. 塑造企业精神

吉祥物作为一种文化符号贯穿于商品、宣传、服务等多个环节，传递着企业的精神内涵。吉祥物在市场上取得良好的反应，能够进一步加强公众对企业的记忆（图9-12）。

9.1.5 工作服设计

规范统一的制服不仅能向公众传递出企业的专业性和严谨性，而且有助于提升团队员工的归属感与凝聚力。工作服的创意设计为展示公司文化提供了平台，色彩与样式的选择能够透露出企业所倡导的观念，例如，暗色调和传统风格能体现稳重和可靠，明亮且大胆的颜色与款式则传达出创新和活力（图9-13）。

图9-10：卡通吉祥物不仅能吸引人的注意，还能在公众的头脑中逐渐形成和产品特征相关联的印象。

图9-11：对于以女性与孩子为主要消费对象的企业，采用卡通吉祥物往往能获得较高的认知度。

图9-12：吉祥物贯穿了企业经营、管理、宣传的各个环节，对塑造企业精神具有重要作用。

图9-10 苏宁易购吉祥物

图9-11 天猫吉祥物

图9-12 京东吉祥物

图9-13 工作服设计

图9-13：无论员工下班后干什么，只要上班后穿上工作服，员工马上就会意识到自己已经进入到工作状态。如果有的企业能够恰如其分地将工作和穿工作服的行为联系起来，穿制服就相当于一次"岗前会"。

9.2 人机界面设计

9.2.1 人机界面设计构成

人机界面设计又称为UI设计，是User Interface（用户界面）的简称，是指对软件的人机交互、操作逻辑、界面美观的整体设计。这一术语可分解为用户和界面两个核心要素，实际上还涵盖用户与界面之间的互动设计。

1. 用户研究

用户研究是提升产品可用性的关键方法，通过对用户行为和体验的深入洞察，为产品设计者提供创新思路。不仅可促进用户对产品功能的学习与记忆，还发掘用户的潜在需求，从而为技术革新注入新鲜活力（图9-14）。

2. 交互设计

交互设计主要关注人与机器之间的交互过程，旨在建立产品与用户之间的有机联系，使用户能够更加容易地使用产品并实现自己的目标，让用户在使用产品时感到愉悦（图9-15）。

3. 界面设计

界面设计是以展现视觉效果为主要功能的界面，强调视觉元素的组织呈现，包括图形、图标、色彩及文字。为了实现丰富多彩且逻辑性强的界面效果，设计过程中需不断地进行调整，最终创造出令人满意的界面视觉效果（图9-16）。

（a）寻呼机　　（b）大哥大　　（c）2G手机　　（d）智能手机

图9-14　手机的发展历程

图9-14（a）：寻呼机是20世纪80年代末期至90年代初期流行的无线通信设备，主要用于接收短信。从手机的发展历程中可以看出，用户研究是指站在用户的角度来研究新产品，从而不断提升人们的使用满意度，用户研究是获取用户需求与反馈的重要方式。

图9-14（b）：大哥大是手提电话的俗称，除了典型的电话功能外，还包含PDA、游戏机、MP3、照相机、录音等功能。

图9-14（c）：2G手机是第二代手机通信技术，具有通话和一些如时间、日期等信息传送的手机通信功能。

图9-14（d）：智能手机具有独立的操作系统和运行空间，是可以由用户自行安装软件、游戏等第三方服务商提供的程序的移动通信设备。

图9-15（a）：表情交互是当今社交媒体平台上一种重要的沟通方式，通过可爱幽默的卡通表情向他人传达思想与情绪，能带给人互动感与治愈感。

图9-15（b）：虚拟键盘交互就是通过软件模拟出的键盘来完成输入操作，具有更高的灵活性和便捷性。用户可以根据自己的需求随时生成键盘进行操作，相比传统键盘更加人性化。

 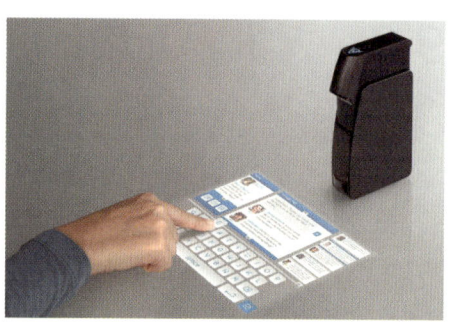

（a）表情交互　　　　　（b）虚拟键盘交互

图9-15　交互设计

图9-16：网页设计不是单纯的美术绘画，需要定位使用者、使用环境、使用方式，并为最终的用户而设计，是纯粹的科学性设计。美食网页的使用者都是与食物有关的人群，如何在众多美食网站中脱颖而出，需要在网页界面上下功夫，突出特点，展现优势。

图9-16　美食网页界面设计

9.2.2　设计原则与流程

人机界面设计原则有诸多要点，见表9-1，设计要以原则为基础严格按流程执行（图9-17）。

9.2.3　网页界面设计

网页界面设计是对网站功能进行策划，并对页面进行美化设计。设计过程中必须坚持以用户为核心的理念，确保界面元素和操作流程的一致性。这种一致性并非仅仅追求视觉上的和谐，更是为了让用户在使用过程中感受到便捷与效率，降低用户学习成本，最终加深用户对网页的认同感。

为了更好地体现网站的核心特色并减少冗余咨询，设计时需重视用户最关心的信息，并确保这些内容在醒目位置呈现。同时，将"分享"和"转发"等按钮安置在临近位置便于用户与其他人进行信息的共享。这种以用户为中心的界面设计原则能够引导用户在最短时间内把握页面的布局设计，尽可能简化操作流程。例如，通过明确的流程，合适的颜色搭配及清晰的界面规划，使用户能够习惯性地找到登录入口、搜索引擎等（图9-18）。

表9-1　　　　　　　　　　　　　　人机界面设计原则

原则	内容
简易	让用户便于使用、便于了解产品，并能减少用户发生错误选择的可能性
语言	能正确、清晰地表意，而不是娱乐性、装饰性的语言
记忆	记忆更容易，需考虑人脑处理信息的限度
一致	界面结构必须清晰且一致，风格必须与产品内容相一致
清晰	一目了然，无需脑补就能理解和使用
熟悉	能通过已掌握的知识来使用界面，不应超出一般常识
习惯	揣摩用户习惯，模拟这种习惯，按照用户的方法来使用
排列	有序的界面能让用户轻松使用
安全	用户能作出正确选择，但是选择都是可逆的，当作出错误选择时，有信息提示并介入
灵活	能让用户方便使用，具有互动多重性，不局限于单一的工具
人性	用户可依据自己的习惯定制界面，并能保存设置

图9-17：优秀的人机界面设计建立在深入了解用户、不断优化和创新的基础之上。设计师需要根据实际情况灵活调整，以满足不断变化的用户需求，最终创造出令人满意的界面视觉效果。

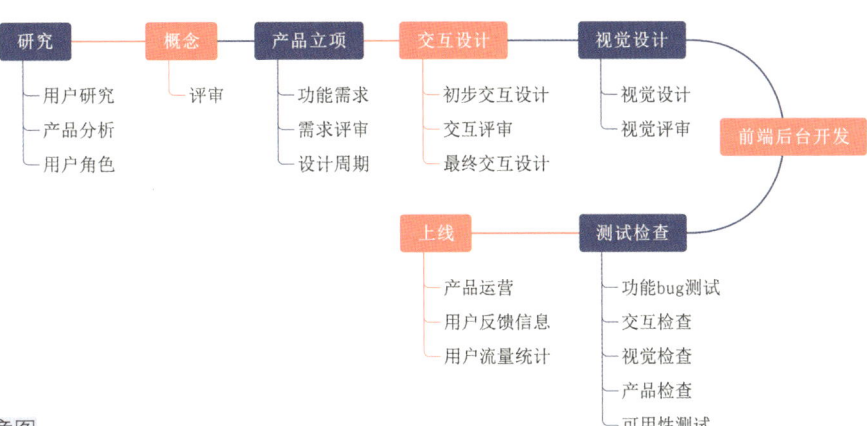

图9-17　人机界面设计流程示意图

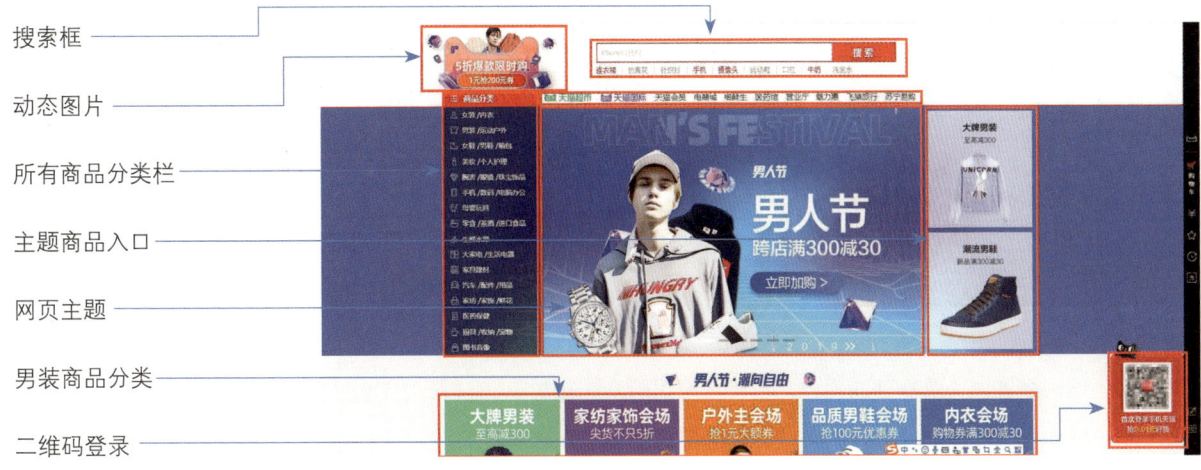

图9-18　网页界面设计

9.3 导视系统设计

导视系统设计是通过特定的符号、文字、标识牌等元素，构建起一套完整且顺畅的空间指引体系。其主要功能是传达空间方位信息，引导人们在环境空间中按照正确的行走路线进行游玩参观。

9.3.1 导视系统构成

1. 识别系统

识别系统能够在公众和企业之间建立有效的信息沟通桥梁。通过运用一套完整的视觉策略，企业能够把其深层的理念、独特的文化特征、提供的服务项目以及规范等抽象概念，转化为容易被识别和感知的图形和符号标志（图9-19）。

2. 方向系统

方向标识系统在多数情况下采用箭头作为导向元素，其核心职能是向公众传达行进路线及沿途关键地标和建筑信息，从而有效地指导行人精准且高效地抵达既定目标。这种系统在不同尺度和环境中扮演着重要角色，无论是城市街道、交通枢纽，还是大型公共空间，方向标识的设计和布局都是确保人流的关键因素（图9-20）。

3. 空间系统

空间系统利用地图可视化手段，有效地呈现不同地点之间的空间位置关系，极大地方便公众准确获取和选择所需的空间信息（图9-21）。

4. 说明系统

说明系统是一种包含解释功能的文字，通常以图文并茂的形式呈现。例如，在旅游景区中，我们常常可以看到带有图片和文字说明的导视牌。这些导视牌采用双语设计，以便来自不同国家和地区的游客都能轻松理解（图9-22）。

5. 管理系统

管理系统的功能在于指导个人和集体遵守既定的法律法规及社会道德准则，预防和纠正违规或违法行为，从而确保游客在游玩观赏过程中的秩序与和谐（图9-23）。

9.3.2 导视系统设计流程

导视系统设计主要分为概念设计、方案设计、

图9-19 识别系统

图9-20 方向系统

图9-21 空间系统

图9-19：识别系统作为最基础的部分，主要承担识别、认知功能。

图9-20：方向系统具有指引方向的功能，能够使人们到达正确的目的地。

图9-21：空间系统比方向系统更加完善，既能指引方向，还能查看周边环境设施。

第 9 章
视觉识别系统设计

制作安装三大流程（图9-24）。

9.3.3 商业空间导视系统设计

1. 以人为本

商业空间导视系统要将环境中的各种元素和设施转化为符合人们需求的功能性设计，这种设计提供一个明确且直观的指示体系，指导人们在复杂的空间中能够准确无误地找到目的地，完成既定任务（图9-25）。

2. 准确性

商业空间中的标识导视系统主要采用静态的识

图9-22：为容易引起歧义的环境而设置的陈述性标识，具有说明、解释的作用。

图9-23：管理系统具有约束、提示行为的作用，告知责任义务，能够减少一定的纠纷。

图9-22　说明系统

图9-23　管理系统

图9-24：设计导视系统时要注重整体逻辑，设计师需要充分了解各环节之间的关联性，确保导视系统的有效性和吸引力。通过不断的评估和优化，提升导视系统的品质和用户体验。

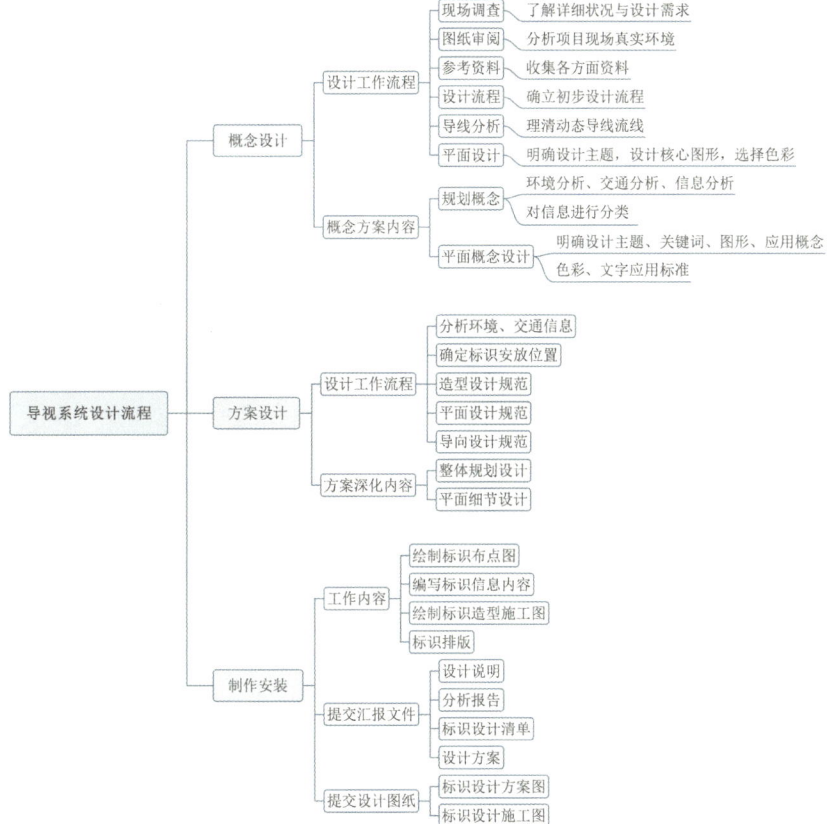

图9-24　导视系统设计流程示意图

别符号，其覆盖的范围广泛且综合性强，能够为人们提供精确且方便的服务。每个标识导视系统放置的位置应当确保无误，其所指向的位置和方向也必须是精确的（图9-26）。

3. 系统性

商业空间系统导向设计需要综合运用多种视觉元素，包括字体、色彩、图形、版式，将其转化成完整、详细的组合，强化标识牌的高度、形状、尺寸，共同构成了导向系统的视觉语言，确保整体风格的连贯性和统一性（图9-27）。

4. 细节性

商业空间中导视系统设计的细节性处理至关重要。此类设计不仅仅是简单的信息展示，而且需要在信息的传递、识别、区分以及设计方面进行全面的优化，着重体现在以下关键环节的处理上。例如，商场的T型交叉路口处，要设置醒目的转向标识牌；人口密集区域，如入口、拐角等位置，应当安置室内标识。确保标识的数量和位置能够全面覆盖各个空间节点，图形、标识设计细节要与众不同（图9-28）。

图9-25　双语设计

图9-26　全景地图

图9-25：中英文结合字体设计，能够增进不同文明之间的交流，体现出人文关怀。

图9-26：在商业空间显眼位置摆放全景地图，能够让消费者清楚认知所处位置，避免迷失方向。

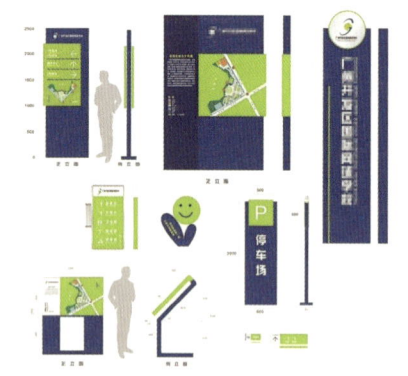

图9-27　配套设计

图9-28　停车场细节设计

图9-27：导视系统能够强化空间中的导视功能，使公众在看到同样材质、色彩、字体的标识时，能够得到导视系统的帮助。

图9-28：利用不同色彩对地下停车场进行细节区分，在保持标识系统的高度、尺寸、图案不变的情况下，改变色彩能够让公众快速识别。

9.4 视觉识别系统设计案例解析

视觉识别系统设计的内容比较复杂，其核心在于信息的有效视觉表现，可大致分为基础设计与应用设计两大类。基础设计主要确立如标志、标准字等图形元素的形式规范，这些元素构成了视觉传达的基石（图9-29）。应用设计将基础设计的要素进行延伸，使之适应于不同的应用场景和产品需求（图9-30）。

图9-29（a）：标志设计要确保企业形象的权威性和完整性，规范设计要求，不得产生不良负面影响。

图9-29（b）：标志制作的规范极为重要。当不能运用电子文件输出时，应严格按照本图规范进行制作（A为一个基本计量单位）。

图9-29（c）：首选使用标准组合（A）版，只有当（A）版不适用时，如标志的放置空间受限，才可以使用组合（B）、（C）版，不能使用规范以外的组合及排列方式。

图9-29（d）：在标志使用中，任何图片文字或者其他的装饰物都不可入侵指定范围。

图9-29（e）：适用于受印刷媒介限定的单色印刷。

图9-29（f）：辅助图形能有效地辅助企业形象早化、个性化的形成，强化企业形象，发挥全面扩散、统一形象识别的传出效果。

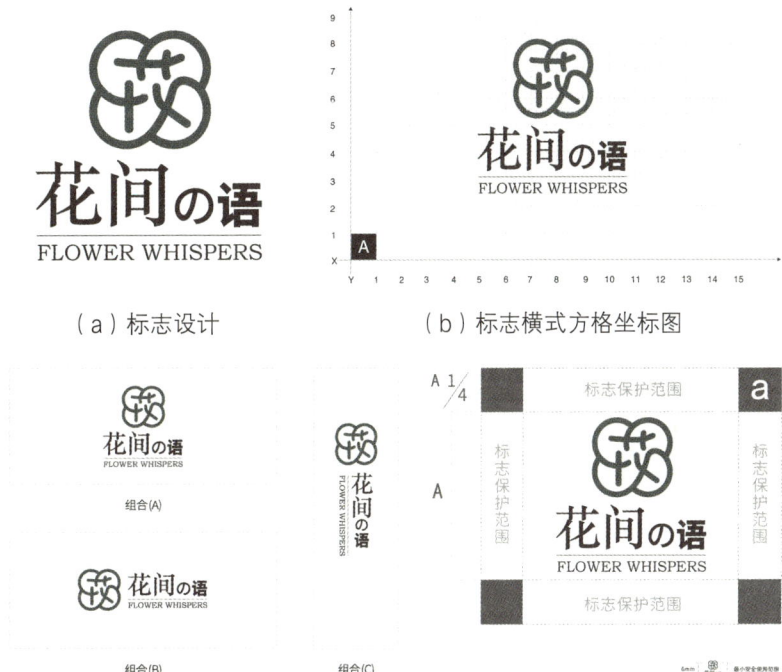

(a) 标志设计　　(b) 标志横式方格坐标图

(c) 标志组合使用规范　　(d) 标志预留空间

(e) 标志墨稿/反白　　(f) 辅助图形

图9-29　视觉传达系统基础设计（王宇）

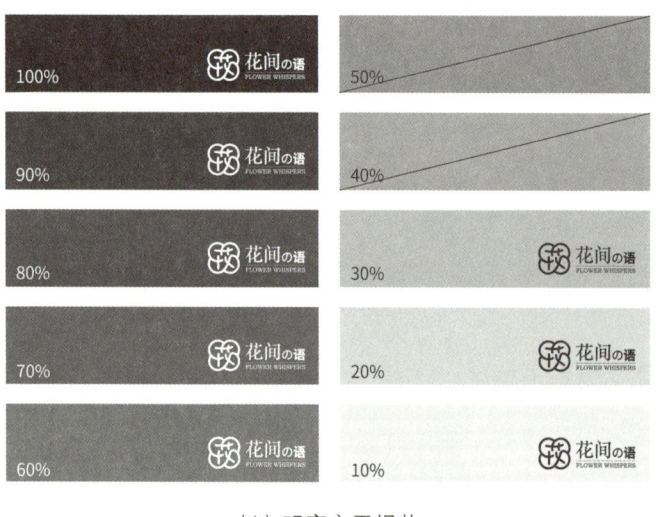

(g)企业标准色　　　　　　　　　　　(h)企业辅助色

(i)明度应用规范　　　　　　　　　　(j)色彩禁用示例

图9-29　视觉传达系统基础设计（王宇）（续）

图9-29（g）：标准色有效辅助企业形象异化、个性化的形成与色彩心理作用，强化企业形象，发挥全面扩散、统一形象识别的传播效果。

图9-29（h）：辅助色是象征企业精神及企业文化的重要因素，透过视觉传达令人产生强烈印象，标识颜色均已标准化，不得更改。

图9-29（i）：为了确保标志在各类媒体上的明确性、识别性和可读性，应限定在不同明度背景上的应用规范。

图9-29（j）：为避免造成标识色彩形象传达的不良效果，除本套设计中规定允许的色彩搭配外，禁止对标准色、辅助色做任何更改，在实际应用过程中应避免图中的错误使用方式。

第 9 章
视觉识别系统设计

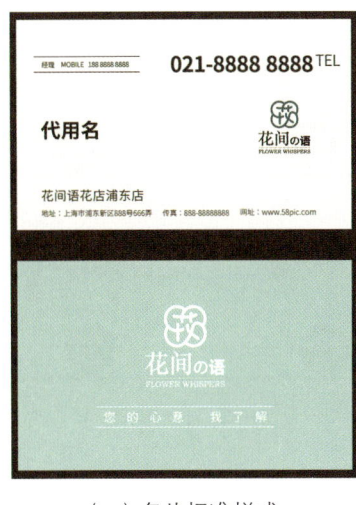

（a）名片标准样式　　　　　　（b）信纸　　　　　　（c）代金券

（d）手提袋　　　　　　（e）贺卡

图9-30　视觉传达系统应用设计（王宇）

图9-30（a）：名片是形象宣传的有效载体，设计与制作应充分体现出强烈的统一性与规范化。

图9-30（b）：信纸的基本元素采用统一的比例和格式，以维护企业形象的统一。

图9-30（c）：代金券适用于产品促销，制作时不得对规格字体、颜色及排版组合方式做任何改动，不能加印规定之外的任何内容。

图9-30（d）：手提袋适用于产品外包装或礼品包装，制作时按设计规范进行，不能对规格字体、颜色及排版组合方式做任何改动，不能加印规定之外的任何内容。

图9-30（e）：规格为210mm×143mm，材质为250g铜版纸，按规定标准色、辅助色应用，四色印刷。

（f）包装纸

（g）车身广告

（h）工牌

（i）工作服

（j）店铺门头

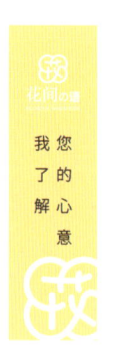

（k）道旗

图9-30　视觉传达系统应用设计（王宇）（续）

图9-30（f）：适用于产品内包装，色彩选择较深，能衬托产品的鲜艳。

图9-30（g）：适用于运输、行政测量，能引起公众注意。

图9-30（h）：胸章形象规范，规格为70mm×20mm，金属或有机板材质，工艺为底牌磨砂，标志边缘镜面抛光。

图9-30（i）：适用于店内工作使用，选用棉麻面料。

图9-30（j）：适用于形象店门头统一装修，采用喷绘布透光灯箱制作招牌。

图9-30（k）：适用于道路两侧路灯杆安装，采用半透光喷绘布制作。

本章小结

视觉识别系统设计需要借助设计元素来完成创作，通过协调各项视觉元素使其构成有机整体，最终成为能够有效传递信息的视觉作品。本章从视觉传达设计的角度，对视觉识别系统设计的全部内容进行了概述，指出视觉识别系统设计的基本流程及内容。最后列出一系列设计案例，对视觉传达系统设计的细节方面进行深入解析，帮助读者理解其中核心内容，快速入行。

课后练习

1. 请简述人、环境、机器之间的关系。
2. 分析VIS设计、CI设计、UI设计三者之间的关系。
3. 网页界面设计要素是什么？
4. 如何提升企业形象设计？
5. 视觉导向系统的作用是什么？
6. 分析手机百度页面设计，是否还有优化的空间？
7. 收集三种以上购物网站页面设计，分析其各自的优点与缺点。
8. 分析阿里巴巴集团的企业形象设计，简述其设计理念。
9. 调查商场的视觉导向设计，分析其中的利弊。
10. 以学校周边公园为例，设计一套导视系统。
11. 参观本地市政公园或博物馆，重点关注导视系统，写一份考察报告。

参考文献 REFERENCES

［1］ 罗宾·兰达. 视觉传达设计：设计新经典·国际艺术与设计学院名师精品课［M］. 上海：上海人民美术出版社，2019.

［2］ 帕贝·埃文斯，马克·托马斯. 视觉传达设计基础［M］. 上海：上海人民美术出版社，2017.

［3］ 乔·维斯，德里克·布雷泽尔. 设计新经典：插画设计基础［M］. 上海：上海人民美术出版社，2018.

［4］ 郑念军，于健. 展示设计［M］. 上海：上海人民美术出版社，2018.

［5］ 卓嘉. 体验式展示设计［M］. 重庆：西南师范大学出版社，2013.

［6］ 红糖美学. 版式设计从入门到精通［M］. 北京：水利水电出版社，2018.

［7］ 崔生国. 广告设计［M］. 上海：上海人民美术出版社，2015.

［8］ 陈根. 包装设计从入门到精通［M］. 北京：化学工业出版社，2018.

［9］ 安雪梅. 标志设计与实战［M］. 北京：清华大学出版社，2015.

［10］ 王延羽. 视觉传达设计［M］. 北京：中国轻工业出版社，2007.

［11］ 王峰. 环境视觉与导向设计［M］. 北京：中国建筑工业出版社，2013.

［12］ 孟祥斌，李庆德，杨晶. CI设计原理与实践［M］. 北京：文化发展出版社，2015.

［13］ 李晓斌. UI 设计必修课：交互+架构+视觉UE设计教程［M］. 北京：电子工业出版社，2017.

［14］ 张志颖，李晓东，张雪婷. 标志与VIS设计［M］. 北京：化学工业出版社，2017.